目次

装丁　桂川潤

教皇フランシスコ　回勅　ラウダート・シ——ともに暮らす家を大切に

1　「ラウダート・シ、ミ・シニョーレ」――「わたしの主よ、あなたはたたえられますように」。この美しい賛歌のことばによって、アッシジの聖フランシスコはわたしたちに思い起こさせます。わたしたち皆がともに暮らす家は、わたしたちの生を分かち合う姉妹のような存在であり、わたしたちをその懐に抱こうと腕を広げる美しい母のような存在であるということを。「わたしの主よ、あなたはたたえられますように、わたしたちの姉妹である母なる大地のために。大地は、わたしたちを養い、治め、さまざまの実と色とりどりの草花を生み出します(1)」。

2　この姉妹は、神から賜ったよきものをわたしたち人間が無責任に使用したり濫用したりすることによって生じた傷のゆえに、今、わたしたちに叫び声を上げています。わたしたちは自らを、地球をほしいままにしてもよい支配者や所有者とみなすようになりました。罪によって傷ついたわたしたちの心に潜む暴力は、土壌や水や大気、そしてあらゆる種類の生き物に見て取れる病的兆候にも映し出されています。こうして、重荷を負わされ荒廃させられた地球は、見捨てられ虐げられたもっとも貧しい人々に連なっており、「産みの苦しみを味わって」（ローマ8・22）いるのです。わたしたちは自らが土の塵《ちり》であることを忘れてしまっています（創世記2・7参照）。わたしたちの身体そのものが地球の諸元素からできています。わたしたちは地球の大気を呼吸し、地球の水によって生かされ元気をもらっているのです。

無関心でいられるものはこの世に何一つありません

3　世界が核戦争勃発の危機にあった五十年以上前のこと、聖ヨハネ二十三世教皇は、戦争を否定するだけではなく、平和を築くために回勅を発布しました。彼は、自身のメッセージ

『パーチェム・イン・テリス――地上の平和』を「カトリック世界」全体に、また事実「善意あるすべての人に」向けて公布したのです。地球規模の環境悪化に直面するいま、わたしは、この星に住むすべての人に向けて申し述べたく思います。わたしは、宣教活動の刷新を続けるよう励ます目的で、使徒的勧告『福音の喜び』を、教会のすべての人に向けて書きましたが、この回勅では、皆がともに暮らす家についての、すべての人との対話に加わりたいのです。

4　『パーチェム・イン・テリス』が発布された八年後の一九七一年、福者パウロ六世教皇は、際限なき人間活動がその「悲劇的結末」として惹起したエコロジカルな懸念に言及し、「自然を無分別に利用したことで、自然破壊の危険にさらされ、今度は自らの身にその減損が跳ね返ってきています(2)」と述べました。彼は国連食糧農業機関に向けても同様のことばで、「産業文明の爆発的な効力のもとでの生態系異変」の可能性について語り、「人間行動の抜本的な改革の緊急の必要性」を強調しました。なぜなら、「並外れた科学的進歩、驚異的な技術力、驚くべき経済成長も、もしそれらが真に社会的で道徳的に導かれた進歩でないならば、それらは最終的には人類に抗《あらが》うものとなるであろう(3)」からです。

5　聖ヨハネ・パウロ二世は、強い関心をもってこの問題に取り組みました。彼は最初の回勅の中で、しばしば人々は「直接の使用と消費に役立つものであるという意味でしか自然環境を見ない」[4]ようであると警告しました。続いて彼は、地球規模でのエコロジカルな回心を呼びかけました。[5]同時に彼は、とりわけ「真のヒューマン・エコロジーのための道徳的条件を保護する」[6]努力があまりにも少ないことに言及しました。人間環境の破壊はきわめて深刻な問題です。それは神がわたしたち男女に世界を託されたからというだけでなく、人間の生がそれ自体たまものであって、さまざまな質低下から守られねばならないものだからです。わたしたちの世界を守り改善するいかなる努力も、「ライフスタイルや生産と消費のモデル、そして今の社会を支配している既成の権力構造」[7]における大きな変化を伴うものです。真の人間的発展は道徳的な性質をもっています。それは、十全な人格尊重を前提としますが、また、わたしたちを取り巻く世界のことを気にかけ、「個々の存在物の本性を、そして秩序ある存在体系の中での存在物相互の間の関係の本性を考慮する」[8]ものでなければなりません。したがって、現実を変容させる人間の能力は、存在するものすべてが神からのたまものであることを心に留めながら、生かされねばなりません。[9]

6　わたしの前任者ベネディクト十六世は、同様に、「世界経済の機能不全の構造的な原因の排除と、環境保護を担保できないことが実証された成長モデルの訂正[10]」を提案しました。なぜなら、彼は、一つの面を切り離して世界を分析することは不可能だと考えています。なぜなら、「自然という本は一つで分かちがたいもの」であり、それらは、環境、生命、性、家族、社会的諸関係などを含むものだからです。そして、「自然の荒廃は人間の共存を形成する文化と密接な関係があります[11]」と続けました。教皇ベネディクトは、自然環境がわたしたちの無責任な行動によって深刻なダメージを受けていることを認めるよう、わたしたちに求めました。同時に、社会環境もまた痛手を被っています。これらは根本的に同じ悪に由来していまず。すなわち、人間の生き方を導く明白な真理などない、それゆえ人間は無制限に自由だという考え方です。わたしたちは、「人は自分だけで成り立っている自由な存在ではない。人は自分だけで自分にはなりえない。人は精神であり意志であると同時に自然でもある[12]」ということを忘れてしまったのです。彼は父親らしい懸念をもって、「わたしたち自身が決定権をもつところでは、またすべてはただ自分たちの所有物であり、自分たちのためだけにそれを利用するところでは、そして自分より優れたものを認めなくなり、自分たち以外の何もののをも見なくなるところでは、被造界の誤用が始まり」[13] 被造界は傷つくのだと理解するよう、熱心に呼びかけました。

同じ懸念に結ばれて

7　教皇たちのこうした発言は、これらの問題についての教会の考えを豊かにしてくれた無数の科学者、哲学者、神学者、市民グループの省察を受け止めてのものです。カトリック教会以外でも、他教派や他教団が――また他の諸宗教も――わたしたち皆が気にかけている問題について、同じく深い懸念を示し、貴重な省察を提示してきました。一つの顕著な例を示すべく、完全な教会的交わりへの希望をともにしている親愛なるヴァルソロメオス全地総主教の声明について言及したいと思います。

8　ヴァルソロメオス総主教がとくに詳細に語ったのは、地球を傷つけてきた自分たちの姿勢を、それぞれが悔い改める必要があるということです。「わたしたち皆が生態系に小さな損傷を与えればそれだけ」、わたしたちが認めるべく求められているのは、「規模の大小はあれ、被造界をゆがめその破壊に加担している」(14)ということです。彼は断固として、また説得力をもってこれを繰り返し述べ、被造界に対するわたしたちの罪を認めるよう、強く求めました。「人間が、神の被造界の生物多様性を破壊すること、気候変動を引き起こしたり、天然林を大地からはぎ取ったり、湿地を破壊したりすることによって、人間が地球の十全さをおとしめること、人間が、地球上の水や土地や空気や生命を汚染すること、これらはすべて罪なのです」(15)。なぜなら、「自然界に対して罪を犯すことは、わたしたち自身に対する罪であり、神に対する罪でもある」(16)からです。

9　同時にヴァルソロメオス総主教は、環境問題の倫理的および霊的な根本原因への注意をも促しました。それには、技術による解決だけでなく、人間性の転換による解決を探すことが求められます。それなしには、単なる対症療法を施しているにすぎないのです。彼がわたしたちに求めるのは、消費の代わりに犠牲を、貪欲の代わりに寛大さを、浪費癖の代わりに分かち合いの精神を据える、禁欲の道、「単に手放すことではなく、与えることを習得することです。それは、愛するという道、自分の欲しいものから離れ神の世界が必要とするものへと少しずつ移りゆく道です。恐れ、貪欲、依存からの解放です」(17)。わたしたちがまたキリスト者として招かれているのは、「この世界を、交わりの秘跡として、神と、また地球規模で隣人と分かち合う道として受け入れることです。神聖なものと人間らしいものとが、創造のみわざという継ぎ目のない衣のごく細部において——地球のひとひらの塵《ちり》の中でさえも——出会う、というのがわたしたちの謙虚な確信です」[18]。

アッシジの聖フランシスコ

10　ローマ司教に選ばれたときに、導きとインスピレーションを願って選んだ名前の持ち主である、あの魅力的で人の心を動かさずにはおかない人物に触れないまま、この回勅を書くつもりはありません。聖フランシスコは、傷つきやすいものへの気遣いの最良の手本であり、喜びと真心をもって生きた、総合的《インテグラル》なエコロジーの最高の模範であると、わたしは信じています。彼はエコロジーの分野で研究や仕事に携わるすべての人の守護聖人であり、キリスト者でない人々からも大いに愛されています。彼は殊のほか、被造物と、貧しい人や見捨てられた人を思いやりました。彼は愛に生き、またその喜び、寛大な献身、開かれた心のゆえに深く愛されました。飾ることなく、また神と、他者と、自然と、自分自身との見事な調和のうちに生きた神秘家であり巡礼者でした。自然への思いやり、貧しい人々のための正義、社会への積極的関与、そして内的な平和、これらの間の結びつきがどれほど分かちがたいものであるかを、彼はわたしたちに示してくれます。

11　聖フランシスコは、総合的《インテグラル》なエコロジーが、数学や生物学の言語では言い表せない実在領域への開きを求めるものであり、人間であることの核心へとわたしたちを連れていくものであることを理解するのも助けてくれます。ちょうどだれかと恋に落ちたときに起こる出来事のように、彼が太陽や月や小さな動物を見つめるときは、いつも歌があふれ出し、他の被造物すべてをその賛美に引き込むのです。彼は、被造界全体と心が通じ合っており、花々にさえ、「まるでそれらに理性があるかのように、……主を賛美するよう(19)」説きました。自身を取り巻く世界に対する彼の応答は、知的理解や採算をはるかに超えるものでした。それは、あらゆる被造物の一つ一つが、彼にとって、愛情のきずなによって結ばれた姉妹であったからです。それゆえ彼は、存在するものすべてを気遣うことに召されていると感じたのです。彼の弟子であった聖ボナヴェントゥラはわたしたちにこう語ります。「すべてのものの根元的な源に思いをはせるとき、彼はあふれるような敬虔さに満たされ、どんな小さなものでも、あらゆる被造物を自分の兄弟・姉妹と呼んだ」[20]。そうした確信は、わたしたちの行動を決定づける選択に影響を及ぼすものであり、それゆえ純朴なロマン主義とはみなせません。もしわたしたちが、畏敬と驚嘆の念をもたずに自然や環境に向かうなら、世界とのかかわりにおいて友愛や美のことばを口にしなくなるなら、わたしたちの態度は、限度を設けることなく当面の必要を満たそうとする支配者、消費者、冷酷な搾取者の態度になるでしょう。これとは対照的に、もし存在するすべてのものと親密に結ばれていると感じるなら、節制と気遣い《ケア》がおのずとわき出てくるでしょう。聖フランシスコの貧しさと簡素さは、禁欲生活の単なる外観ではなく、はるかに徹底したものであって、現実を利用や支配の単なる客体におとしめてしまうことへの拒絶なのです。

12　さらに、聖書に忠実な聖フランシスコは、自然を、神がそこでわたしたちに語りかけ、ご自身の無限の美や善を垣間見させてくれる、壮麗な一冊の本とみなすよう誘います。「造られたものの偉大さと美しさから推し量り、それらを造ったかたを認め」（知恵13・5）ます。実に、「世界が造られたときから、神の永遠の力と神性は被造物に現れており、これを通して知られていた」（ローマ1・20）のです。そのためフランシスコは、野の花々や香草が成長できて、またそれを見る人々がそうした美の創造主である神を心から仰げるようにと、修道院の庭の一部をつねに人の手が加わらない状態にしておくよう求めました[21]。世界は、解決すべき問題であるよりは、むしろ歓喜と賛美をもって観想されるべき喜ばしい神秘なのです。

わたしの訴え

13　皆がともに暮らす家を保護するという切迫した課題は、人類家族全体を一つにし、持続可能で全人的《インテグラル》な発展を追求するという関心を含意しています。というのは、物事は変わりうると、わたしたちは知っているからです。創造主は決してわたしたちをお見捨てになりません。神は決してご自身の愛する計画を放棄したり、わたしたちをお造りになったことを後悔したりなさいません。人類はまだ、皆がともに暮らす家を建設するために一緒に働く能力をもっています。わたしはここで、わたしたちが共住する家をしっかりと守るために無数のしかたで奮闘しているすべての人をたたえ、励まし、感謝したく思います。環境悪化が世界のもっとも貧しい人々の生活にもたらす悲惨な結果の解決策を精力的に探る人々は、格別の謝意に値します。若者たちは変化を求めます。環境危機と排除された人々の苦しみとを考えずに、いったいだれがよりよい未来を建設していると主張することができるのか、彼らはいぶかしんでいるのです。

14　そこでわたしは、自分たちの星の未来をわたしたちがどのように形づくろうとするかについての新たな対話が必要である、と執拗に訴えます。わたしたちが経験している環境上の課題とその人間的な根源は、わたしたち皆に関係し、影響を及ぼすものであるゆえに、あらゆる人を含む検討が必要です。世界規模のエコロジー運動は、すでに相当な前進を遂げ、こうした課題の自覚を涵養《かんよう》するために献身的にかかわる組織が多数設立されてきました。残念ながら、環境危機の具体的解決を探る取り組みは、強力な抵抗によるだけでなく、より一般的に見られる関心の欠如によっても、その多くが挫《くじ》かれました。妨害的な態度は、信仰者たちの中にさえ存在し、問題の否定から、無関心、冷ややかなあきらめ、技術的解決への盲信にまで及んでいます。わたしたちは新しい普遍的な連帯を必要としています。南アフリカの司教団が述べたように、「神の創造のみわざを人間が濫用して生じさせた損傷を修復するためには、あらゆる人の才能と関与が必要です[22]」。わたしたちは皆、神の道具として、被造界を世話するために、おのおの自身の文化や経験、自発性や才能に応じた協力ができるのです。

15　今、教会の社会教説に加えられるこの回勅が、直面する課題の重要性、規模の大きさ、緊急性を認識する助けとなることを希望します。まずは、現在の生態学的危機が有するさまざまな側面の概観から始め、わたしたちの心を深く動かすような科学的研究による今日ある最高の成果を活用して、それをもってわたしたちの心を根本から動かすことで、そこから始まる倫理的・霊的道筋の具体的基盤を築きたいと思います。次に、環境への積極的取り組みにいっそうの一貫性を与えるいくつかの原理を、ユダヤ・キリスト教の伝統から導き出し、考察します。それから、現況をとことん探り、その症状ばかりでなく根深い原因をも考察します。このように、この世界で人間が占める特別な立場と、自らの周囲との関係を組み込んでいくエコロジーを多様な側面から提案したいと思います。こうした考察に照らされて、個人としてのわたしたち一人ひとりを巻き込み、また国際的な政策にも影響を及ぼす、対話と行動に向けた、より幅広い提案をします。最後に、動機づけや教育過程なしに変革は不可能であるとの確信に基づき、人間的発展のために刺激となる指針を、キリスト教の霊的体験の宝庫からいくつか提示します。

16　各章はそれぞれの主題と個別の手法を有しますが、それまでに取り扱われた重要な問いを新たな視点で採り上げ、再検討することもあります。なかでも、回勅全体にわたって繰り返し現れるテーマがそれに当たります。たとえば、貧しい人々と地球の脆弱《ぜいじゃく》さとの間にある密接なかかわり、世界中のあらゆるものはつながっているという確信、テクノロジーに由来する勢力の新たなパラダイムと権力形態の批判、経済や進歩についての従来とは別の理解の方法を探ろうという呼びかけ、それぞれの被造物に固有な価値、エコロジーの人間的意味、率直で正直な討議の必要性、国際的な政策および地域的な政策が有する重大な責任、使い捨て文化、そして新たなライフスタイルについてです。こうした問いは、一度だけ扱われるのではなく、角度を変えて繰り返し言及され豊かにされていきます。

第一章　ともに暮らす家に起きていること

17　人類と世界の状況に関する神学的および哲学的な省察は、わたしたちの現状——それは多くの意味で人類史上前例のなかった状況——に触れてあらためて分析されないかぎり、退屈で抽象的に響く可能性があります。ですから、わたしたちをその一部とするこの世界に関して、信仰がどのようにして新たな動機と要求をもたらすかを考察する前に、皆がともに暮らす家に何が起きているかを概観しましょう。

18　人類と地球に影響を及ぼす諸変化の間断なき加速は、今や、生活や仕事のペースのさらなる激化――それは「急《せ》かし」と称されてもいいでしょう――と対になっています。変化は複雑なシステムの動きに属するものであるとはいえ、人間活動が展開する速度は、生物の進化の自然本性にかなうゆっくりとしたペースと対照的です。加えて、こうした急速で間断なき変化は、必ずしも、共通善や全人的で持続可能な人類の発展に方向づけられてはいません。変化はある意味で望ましいものですが、世界と、人類の大多数の生活の質に害をもたらすならば、不安の源となります。

19　進歩や人間の能力に不合理な自信を抱いていた時代を経て、今やより批判的なアプローチを採り入れている社会集団が存在します。地球に起きていることについての真摯で憂慮ある懸念が膨らむにつれ、環境と自然保護への関心が高まるのを目にします。今日わたしたちを悩ます問題、もはや覆い隠しえないそうした問題を、大まかに振り返ってみましょう。わたしたちのねらいは、情報の蓄積や好奇心の満足ではなく、むしろ、痛みをもって気づくこと、世界に起きていることをあえて自分自身の個人的な苦しみとすること、そして一人ひとりがそれについてなしうることを見付け出すことです。

I　汚染と気候変動

汚染、廃棄物、使い捨て文化

20　人々が日常的に被っているさまざまな形態の汚染があります。大気汚染物質にさらされることによる健康被害は広範囲に、とくに貧しい人々に及び、おびただしい数の早逝《そうせい》をもたらす原因となっています。たとえば、料理や暖房に使う燃料からの高濃度の排煙を吸うと病気にかかります。また、輸送機関、工場の排煙、土壌や水の酸性化を助長する物質、肥料、殺虫剤、殺菌剤、除草剤、そして農薬一般によって引き起こされ、あらゆる人に影響を及ぼす汚染もあります。テクノロジーは、ビジネス上の利害との絡みの中で、こうした問題を解決する唯一の道として提示されますが、実際は事象間の神秘的な関係の網を理解する力がないことを露呈しており、それゆえ時に一つの問題の解決が他の諸問題を作り出すだけに終わるのです。

21　さまざまな地域に存在する危険廃棄物を含め、残留物によってもたらされる汚染も考慮されねばなりません。毎年、数億トンもの廃棄物が生じています。それらは、家庭や職場のゴミ、建築廃材、医療廃棄物、電子機器廃棄物、工業廃棄物で、その多くは生分解性を有さず、高い毒性と放射性をもっています。わたしたちの家である地球は、ますます巨大なゴミ山の体《てい》をなし始めています。この星のあちこちで、かつて美しかった景観が今ではゴミに覆われていると、年配者たちが嘆いています。都市や農業地域で使用される化学製品や産業廃棄物は、そうした場所の毒性レベルが低いときでさえも、地域に生息する生物の体内で生物濃縮をもたらす可能性があります。人々の健康に取り返しのつかない悪影響が及ぶまで何の対策も講じられないことがしばしばです。

22　こうした問題は、使い捨て文化と密接につながっており、そうした文化では、ちょうど物がすぐゴミにされてしまうのと同様に、排除された人々が悪影響を被るのです。例を一つ挙げるとすれば、わたしたちが生産する紙の大部分は投げ捨てられ、リサイクルされてはいない、という事態です。自然の生態系の働きを手本にするということは、わたしたちにとって難しいのです。植物は草食動物を養う栄養素を合成し、草食動物は肉食動物の食物となり、肉食動物は大量の有機廃棄物を生成し、有機廃棄物は新たな世代の植物を生じさせます。しかし、わたしたちの産業システムは、生産と消費のサイクルが一巡する終点で廃棄物や副産物を吸収し再利用する能力を開発してこなかったのです。わたしたちは、非再生可能資源の使用を可能なかぎり控え、その消費を削減し、その効率的利用を最大化し、再使用し、再資源化しながら、現世代と将来世代のための資源保存を可能とする循環型生産モデルをいまだに適切に取り入れることができないでいます。この問題を真剣に考察することが、地球全体を傷つける使い捨て文化に抗《あらが》う一つの道なのでしょうが、この点ではごく限られた進展しかなかった、といわねばなりません。

共有財としての気候

23　気候は共有財の一つであり、すべての人のもの、すべての人のためのものです。地球規模レベルで見ればそれは、人間として生きるために不可欠な諸条件の多くとつながっている一つの複雑なシステムです。わたしたちには、気候システムの憂慮すべき温暖化を目撃しているということを示す、非常に堅固な科学的コンセンサスがあります。ここ数十年間、この温暖化には不断の海面上昇が伴っており、また、たとえ科学的に決定可能な原因が個別事象ごとには当てはまらないとしても、異常気象の増加に関連しているように見受けられます。人類は、この温暖化と闘うため、あるいは少なくともそれを生み出し悪化させている人為的要因と闘うために、ライフスタイルを変え、生産と消費に変化をもたらす必要があることを認めるよう求められています。他の諸要因（たとえば火山活動、地球の公転軌道や自転軸の変動、太陽周期）があることは事実です。しかしそれでも、ここ数十年間の地球温暖化の大部分は、おもに人間活動の結果として放出される温室効果ガス（二酸化炭素、メタン、窒素酸化物、その他）の異常な蓄積によるものであることを、いくつもの科学研究が示しています。こうしたガスは大気圏内に蓄積され、太陽光によって地表で生じた熱が大気圏外に発散するのを妨げます。世界規模でのエネルギーシステムの中核をなす化石燃料の集約的利用に基づく開発モデルが、この問題を悪化させます。もう一つの決定要因となってきているのは、土地の転化利用の増大、おもに営農目的の森林伐採の拡大です。

24　温暖化は炭素循環に影響を与えます。それは状況をさらにひどくする悪循環を作り出し、比較的温暖な地域において飲料水やエネルギーや農産物のような生存に必須の資源を入手しにくくし、また地球上の生物多様性の一部を消失に至らしめます。極地や高地での氷解によって危険なメタンガスが放出される一方、凍結されていた有機物の分解が二酸化炭素の排出をさらに増大させます。気候変動の緩和に役立つはずの熱帯林が消失すれば、事態はさらに悪化します。二酸化炭素による汚染は、海水の酸性化を増幅させ、海の食物連鎖を損ねます。もし現在の傾向がこのまま続けば、今世紀が著しい気候変動と空前の生態系破壊の舞台となり、わたしたち皆が深刻な影響を被るのも不思議ではありません。たとえば、世界人口の四分の一が沿岸あるいはその付近で暮らし、わたしたちの巨大都市の大部分が沿岸地域に位置することを考慮すれば、海面上昇はきわめて深刻な状況を招来しうるのです。

25　気候変動は、環境、社会、経済、政治、そして財の分配に大きく波及する地球規模の問題です。それは、現代の人類の眼前に立ちはだかる重大な課題の一つです。おそらく、今後数十年のうちに、開発途上諸国が、その最悪の打撃を味わうことでしょう。貧しい人々の多くは、温暖化がらみの諸現象にとくに影響されやすい地域で暮らしており、自然にあるものや生態系の恩恵に大きく依存する農・林・漁業のような生業によって暮らしています。このような人々は、気候変動への適応や自然災害への対応を可能にする他の経済的方策や財源をもたず、また利用できる社会的なサービスや保護はきわめて制限されています。たとえば、気候の変動は、適応困難な動植物の生息地移動を招来するものですが、今度はそれが貧しい人々の生計に打撃を与え、そうして彼らは自分たちと子どもたちの将来の見当がまったくつかないまま、家を後にせざるをえなくなるのです。環境悪化によってますますひどくなる貧困から逃れようとしての移住者数は、痛ましいまでに増加しています。こうした人々は、国際条約によって難民と認定されず、いかなる法的保護も享受することなく、後にしてきた生活を奪われたものとして堪え忍んでいるのです。悲しいことに、いまも世界中至るところで生じているそうした苦しみへの無関心が広まっています。わたしたちの兄弟姉妹を巻き込むこうした悲劇に対する反応の鈍さは、あらゆる市民社会の基礎である同胞への責任感の喪失を示しています。

26　より多くの資金と経済的あるいは政治的権力とを有する人々の多くは、大抵、問題を覆い隠したりその兆候を隠したりすることに気を取られ、気候変動の負の影響をいくらか減らす努力しかしていないように見えます。しかしながら、こうした兆候の多くが示すのは、仮にわたしたちが現今の生産・消費モデルを持続していくならば、そうした影響が悪化し続けるであろうということです。ここ数年のうちに、たとえば、化石燃料に代わって、再生可能エネルギー源を開発し、二酸化炭素や他の高度汚染ガスの排出を大幅に削減しうるような政策を緊急に講じる必要性があります。世界的には、クリーンで再生可能なエネルギーの利用はごくわずかです。適切な貯留技術を開発する必要もあります。斟酌《しんしゃく》に値するほどの割合からは程遠いものの、かなり前進してきた国をいくつか数えることができます。エネルギー効率を高める建築や改築の工法においてと同様、エネルギー消費と原材料とがより少なくて済む生産手段や輸送手段においても、投資がなされてきました。しかし、こうした好事例はまだ広まっていません。

Ⅱ　水問題

27　現況を示すその他の指標は、天然資源の枯渇と関連しています。先進諸国や社会の富裕層では、浪費と廃棄の習慣がこれまでにないレベルに達しており、そうした消費レベルの維持は不可能であることをわたしたちは皆知っています。地球開発はすでに許容限度を超えており、それなのにわたしたちは、いまだに貧困問題を解決してはいません。

28　清潔な飲み水は、最重要課題です。なぜなら、それは人命にとって、また地圏や水圏の生態系の維持にとって、なくてはならないものだからです。健康管理、農業、工業のためには、真水の水源が必要です。かつて水の供給は比較的安定していましたが、いまでは多くの場所で需要が持続可能な供給を超えており、短期的また長期的に深刻な結末を迎えています。大量の水供給に依存する大都市は水が不足する期間を経験し、ここぞというときに必要とされる十分な監視と公明正大さを備えた運営管理がいつも行われているわけではありません。水の危機はとくにアフリカに影響を及ぼし、人口の大部分が安全な飲み水を入手できなかったり、農業生産を妨げる旱魃《かんばつ》を経験したりしています。水の豊かな地域を擁する国々がある一方で、猛烈な水不足を堪え忍ぶ国々もあるのです。

29　とりわけ重要な問題は、貧しい人々が利用できる水の質です。日々、安全でない水が、大量の死、そして微生物や化学物質によるものを含む、水に関連した疾病の蔓延を招いています。不衛生や不適切な水供給に直結している赤痢とコレラは、苦痛や乳児死亡の重大な原因です。地下水源が、多くの場所で、とくに適切な規制や取り締まりが欠けている国々において、特定の鉱・農・工業由来の汚染によって脅かされています。それは産業廃棄物の問題だけではありません。世界の多くの場所で日常的に使用される洗剤や化学製品が、わたしたちの川や湖や海にたれ流しになっているのです。

30　利用可能な水の質が低下し続けているときでさえ、こうした希少資源を、市場の法則に従う一商品に変え、私有化しようとする傾向が強まっている場所があります。しかし、安全な飲み水を入手することは、人間の生存に不可欠であり、また、それ以外の人権を行使する条件そのものであるため、基本的で普遍的な人権です。飲み水に事欠く貧しい人々は、不可侵の尊厳に根ざす生存権を否定されているのですから、わたしたちの世界は貧しい人々に返済すべき甚大な社会的負債を抱えているのです。この負債は、貧しい人々にきれいな水と衛生サービスを提供するための資金供給を増加させることによって、部分的には返済が可能です。しかし、先進国においてだけでなく、豊富な水を有する開発途上国においても、水は浪費され続けています。このことが示すのは、水問題とはある面では教育や文化の問題であるということです。そうした行動の深刻さを甚だしい不平等という文脈で意識することがほとんどないからです。

31　水の希少性が増せば、食品や、水使用に頼るさまざまな製品の価格上昇につながるでしょう。緊急措置が講じられなければ、数十年のうちに激甚な水不足が起こるかもしれない、といくつかの研究が警告しています。環境への影響は数十億の人々を打つおそれがあります。巨大な多国籍ビジネスによる水支配が、今世紀のおもな紛争源になるかもしれないという想定もありえます(23)。

Ⅲ　生物多様性の喪失

32　地球の資源はまた、経済や商取引や生産の近視眼的な猛進のあまり、強奪されています。森や森林地帯の喪失は、食物のためばかりでなく病気の治療や他の用途のためにも将来的にきわめて重要な資源となるかもしれない種の喪失を伴います。さまざまな種は、この先、人間の必要を満たし、環境問題を解決する鍵となる可能性を秘めた遺伝子を有している資源です。

33　しかしながら、種がそれ自体で価値をもつという事実を見落とし、さまざまな種を単に開発可能な潜在「資源」と考えるだけでは不十分です。毎年、幾千もの動植物種の消滅を目の当たりにします。そうした種は永遠に失われてしまったため、わたしたちが知ることも、わたしたちの子孫が出会うこともないでしょう。大多数は人間活動に関連する理由で絶滅します。わたしたちのせいで、もはや何千もの種がその存在をもって神に栄光を帰すこともなく、わたしたちにそのメッセージを伝えることもなくなるのです。わたしたちには、そんな権利はありません。

34　哺乳類や鳥類は比較的目にしやすいため、その絶滅を知れば心が乱されて当然です。しかし、生態系の健やかな機能は、菌類、藻類、蠕虫《ぜんちゅう》類、昆虫類、爬虫類、そして数え切れない種類の微生物を必要ともしています。比較的数の少ない種が、概して目には見えないけれど、にもかかわらず、特定の場所の平衡状態を維持するために重要な役割を果たしています。

一つの土壌システムが危機的な状態に達すれば人間による介入は避けられませんが、近年、そうした自然への介入がますます頻繁になってきました。結果として、深刻な問題が生じ、さらなる介入へと至ります。人間活動が、あらゆるリスクを伴いながら、いつでも、どこにでも現れるようになります。しばしば、一つの問題を解決するための人的介入が、さらに状況を悪化させるような悪循環をもたらします。たとえば、合成化学農薬によって消滅する多くの鳥や昆虫は農業に有益であり、それらの消滅の埋め合わせに使用されるに違いない他技法が有害だと判明しても不思議はありません。人間が作り出した問題の解決策を見付けようと献身した科学者やエンジニアの取り組みは称賛と感謝に値します。しかし、わたしたちの世界を冷静に眺めると、ビジネス上の利害や消費主義に与《くみ》することの少なくない人的介入の度合いは、実際、技術進歩と消費財が無限に増大する中で、わたしたちの地球の豊かさと美しさを奪い、狭め、色あせたものにしつつあるほどです。わたしたちは、自分たちで造り上げてきた何かを、補充や復旧の不可能な美の代わりにすることができると考えているようです。

35　何らかの事業計画が行う環境影響評価《アセスメント》においては、通常、土壌と水と大気に関心が向けられますが、まるで種や動植物集団の喪失はささいな重要性しかもたないかのようで、生物多様性への影響の入念な調査はほんのわずかしか行われません。高速道路、新規耕作地、特定地域の囲い込み、水源の堰《せ》き止め、また同様の開発によって天然の生息環境が占領され、もはや動物個体群が自由に移動したり歩き回ったりできないようなしかたで分断されることもあります。その結果、いくつかの種が絶滅に向かいます。少なくともこうした事業の悪影響を軽減する生物学的回廊の敷設のような選択肢は存在しますが、そうした配慮や慎重さを実際に示す国はほとんどありません。特定の種が営利目的で利用されるとき、その種の激減と、その結果生じる生態系の平衡の乱れとを防ぐための繁殖様式研究に注意が払われることは、往々にして皆無に等しいのです。

36　すぐ手軽に得られる利益を求める人のだれもが本気で保存しようなどとは思わない生態系を気遣うには、遠くを見通す目が必要です。しかし、そうした利己的な関心不足によって引き起こされる損失のコストは、得られる経済的便益よりもはるかに大きいのです。特定の種が滅ぼされる、あるいは深刻に傷つけられる場合、そこにかかわる価値ははかりしれません。もし現在と未来の自分以外の全人類にきわめて高額の環境悪化コストを支払わせることで相当大きな便益を獲得できると考えるなら、わたしたちは恐ろしい不正を黙って見過ごす傍観者になるおそれがあります。

37　いくつかの国は、外観の変更や本来の構造の改変となりうる人的介入をいかなるものであっても禁じる保護区を陸地や海洋に設けることにおいて、かなり進歩してきました。生物多様性の保護のうえでは、種数の多い地域も、希少で保護の成果の少ない固有種の多い地域も、どちらにも格別な注意を払う必要がある、と専門家は指摘しています。地球生態系にとってきわめて重要であるゆえ、あるいは重要な水補給源として他の生命形態の存在保障となるゆえに、保護の強化が必要とされる場所があります。

38　地球の肺と称される生物多様性が豊富な場所、たとえば、アマゾンやコンゴ盆地、あるいは大規模な帯水層や氷河について話しましょう。わたしたちは、地球全体にとって、また人類の未来にとって、こうした場所がどれほど重要であるかを知っています。熱帯林の生態系には、どれほど高く評価しても評価しきれない、途方もなく複雑な生物多様性が存在します。しかし、こうした森が耕作目的で焼き払われたり伐採し尽くされたりすると、数年もあれば無数の種が失われ、しばしば不毛の荒れ地と化してしまうのです。保護を装いつつ国家の主権を脅かしかねない巨大な世界規模の経済的利害を見過ごすわけにはいきませんから、そうした場所について話す際には、絶妙なバランスが維持されなければなりません。実際、「多国籍企業の経済的利益を満たすだけのために、アマゾンを国際化する提案」[24]があります。わたしたちは、こうした問題に対する国際機関や市民社会組織の献身的な関与を称賛せずにはいられません。そうした機関や組織は、各政府が、地域的あるいは国際的な見かけの利益に屈服することなく、その国の環境と天然資源を保存するための固有で委任できない義務を果たせるよう、圧力という合法的手段に訴えつつ、公衆の問題意識を惹起し、批判的な協力を提供しています。

39　植林による原生林の置き換え――大抵は単一栽培《モノカルチャー》方式です――は、通常、適切な調査の対象になることすらほとんどありません。しかし、それは、生物多様性に深刻な影響を与えます。新たに移植される種は、その多様性には順応しないのです。同様に、湿地が耕作地に置き換えられると、それまで養われていた膨大な生物多様性が失われます。いくつかの沿岸域では、マングローブ湿原によって維持されていた生態系の消滅が、深刻な懸念の源となっています。

40　海洋は、地球の水供給の大部分を賄うだけでなく、膨大な種類の生物——その多くはいまだ未知で、種々の理由から脅威にさらされています——のほとんどを擁しています。さらに、世界人口の大半を養っている、川や湖沼、海や大洋にすむ生物は、制限のない漁業の影響を被っており、特定の種が激減しています。漁獲の多くを捨ててしまう選択性の高い漁法が衰えることなく続けられています。とくに脅かされているのは、ある種のプランクトンのような、わたしたちが見落としがちな海洋生物です。そうした生物は、海の食物連鎖の重要な構成要素の代表であり、わたしたちの食料に供される種が究極的に依存しているものなのです。

41　熱帯や亜熱帯の海で見られるサンゴ礁は、陸地の巨大な森林に相当するものです。魚類、甲殻類、軟体動物、海綿動物、藻類を含め、百万近くの種のすみかになっているからです。世界のサンゴ礁の多くが、枯れたり、あるいは衰退し続けています。「海の中のすばらしい世界を、色彩も生命も奪われた水底の墓地へと変えてしまったのは、一体だれなのですか(25)」。

この現象は、森林伐採や単一栽培農業、産業廃棄物や破壊的な漁法、なかでもシアン化物やダイナマイトを使用する漁法の結果として海に達する汚染によるところが大きいのです。それは海水温の上昇によってさらに悪化します。こうしたことのすべてが理解させてくれるのは、あらゆる自然介入がすぐには明らかにならない影響を与えうること、また、特定の資源開発法が最後には、海床そのものの悪化まで招くほどの大きな犠牲を伴うものだということです。

42　生態系機能のより完全な理解と、重大な環境改変に連動するさまざまな可変要因の適切な分析を目的とする調査研究に、さらに資金を投じる必要があります。すべての被造物はつながっているのですから、愛と敬意をもってそれぞれを大切に受け止めなければなりません。わたしたちは皆互いを必要としている被造物なのです。それぞれの地域には、この家族を気遣う責任があります。絶滅危惧種の保護を格別に配慮する保全プログラムや保護戦略を目指して、入念な地域の固有種一覧の作成に着手する必要があるでしょう。

Ⅳ　生活の質の低下と社会の崩壊

43　人間もまたこの世界の被造物であり、生存権や幸福権を享受し、そして固有の尊厳が賦与されています。ですからわたしたちは、環境悪化や現今の開発モデルや使い捨て文化が人々の生活に及ぼす影響を考えないわけにはいきません。

44　近年、たとえば、多くの都市が遂げた桁《けた》外れの無秩序な成長が見られます。そうした都市は、有毒排出物による汚染のためばかりでなく、都会の秩序のなさや交通機関の問題、視覚や聴覚に影響する汚染の結果としても、暮らすには不健康なところとなってしまいました。多くの都市は、エネルギーと水を過度に浪費する、巨大で非効率的な構造物です。最近造られた地区であっても、過密で、無秩序で、緑地が十分ではありません。わたしたちは、コンクリートやアスファルト、ガラスや金属に覆われ、自然との肌の触れ合いを奪われて、生きるようには造られていないのです。

45　地方でも都会でも、場所によっては空間が私有化され、格別美しい場所を市民が利用することが難しくなりました。他の場所では、人工的な安らぎを確保するために余所者《よそ》を締め出し、少数の者のみが利用できる「エコロジカルな」住宅地が造られてきました。都市のいわゆる「安全な」地域には、しばしば手入れの行き届いた美しい緑地がありますが、社会から見捨てられた人々が住む目に留まりにくい地区には、そのようなものはありません。

46　地球規模での変化に見られる社会的様相は、技術革新の雇用への影響、社会的疎外、エネルギーや他のサービスの不公平な分配や消費、社会の分断化、増大する暴力や新しい形態の社会的攻撃の増加、麻薬取引、増加する若年層の薬物使用、そしてアイデンティティ喪失を含んでいます。これらは、過去二百年の成長が必ずしも全人的発展や生活の質の向上にはつながらなかったことのしるしです。こうしたしるしのいくつかは、社会での融合や結束というきずなが音もなく引き裂かれる、社会の本当の崩壊の兆候でもあるのです。

47　さらに、メディアとデジタル世界がありとあらゆるところに存在するようになると、その影響から、知恵と深慮と惜しみない愛をもって生きるすべを学べなくなります。このような状況では、過去の偉大な賢者の知恵は、情報過多による騒音や注意力散漫によって、かき消されかねないでしょう。こうしたメディアが、わたしたちの最奥の豊かさへの脅威になるのではなく、人類の新たな文化的発展となるよう尽力しなければなりません。真の叡智は、省察や対話や人々の豊かな出会いの実りであって、一種の心の汚染である詰め込みや混乱につながる単なるデータの蓄積によっては得られません。他者との現実のかかわりは、それ自体がもつすべての課題をも含め、インターネットを介したコミュニケーションのかたちに置き換えられようとしています。そこでは、人間関係が任意に取捨選択でき、それによって、人や自然よりもデバイスやディスプレイと結びついた、新しいタイプの人工的な情動が生まれることもしばしばです。今日の通信手段は、知識や感情の伝達や共有を可能にします。しかし、時にそれは、他者の苦悩や恐れや喜びに、また他者の個人的体験の複雑さに直接触れることを妨げます。ですから、そうした手段が提供する刺激的な可能性とともに、対人関係についての深くて憂鬱な不満、あるいは有害な孤立を引き起こす可能性についても心に留めておくべきです。

V　地球規模の不平等

48　人間環境と自然環境はともに悪化します。人間や社会の悪化の原因に注意を払うことなしに、環境悪化に適切に立ち向かうことはできません。実際、環境と社会の悪化は、地球上のもっとも弱い人々に影響します。「あらゆる環境破壊によるもっとも重大な影響は貧困に苦しむ人々が被ることを、日常生活と科学的研究の双方が示しています」[26]。たとえば、漁業資源の枯渇は、代替資源をもたない小規模漁業共同体に著しい不利益を与えます。水質汚染は、ボトル詰めの飲料水を買えない貧しい人々にとくに影響を及ぼします。そして、海面上昇は、移住する場所のない沿岸地域の貧しい住民に影響を及ぼします。現今の不均衡の悪影響はまた、多くの貧しい人々の早逝《そうせい》にも、資源不足が火種となった紛争にも、そして国際的な行動計画の中で十分に取り上げられていない他の諸問題にも見られます[27]。

49　概して、排除された人々に殊に影響を及ぼす諸問題を、ほとんどの人ははっきりと自覚できていないといわざるをえません。しかし、そうした人々は、地球住民の多数であり、何十億人にも上るのです。今日、政治や経済に関する国際的な議論の中で、彼らについて言及されはしますが、単なる副次的被害として取り扱われるか、そうでなければ、そうした問題は、ほとんど義務としてよそよそしく付け足されるだけという印象がしばしばです。つまるところ、具体的な取り組みは、しばしば一番下に積み置かれるのです。こうしたことの原因の一部は、多くの専門家、オピニオンリーダー、メディア、権力中枢が存在するのは、彼らからは遠く離れた豊かな都市部であり、彼らの問題に直接関与することはほとんどない、という事実にあります。そうした人々は高度な開発と、世界の人口の大多数には到底手の届かない生活の質とを快適に享受し、その高みから論じているのです。都市の断片化によって助長されることもある、肌と肌との触れ合いや出会いのこうした欠如は、良心を麻痺させ、数々の現実から目をそらす偏向した分析へと導くことがあります。そのような態度はしばしば「緑」のレトリックと並存します。しかし今日認識すべきなのは、真のエコロジカルなアプローチは、つねに社会的なアプローチになるということ、すなわち、大地の叫びと貧しい人の叫びの双方に耳を傾けるために、環境についての討論の中に正義を取り入れなければならないということです。

50　貧困問題を解決し、世界をいかに違ったものにしうるかを考える代わりに、出生率を下げることしか提案できない人々がいます。時に、経済援助に特定の「リプロダクティブ・ヘルス」政策が条件づけられるという、開発途上国に対する国際的な圧力が存在します。しかしながら、「確かに、人口と資源の不均衡な分布は、開発と環境の持続可能な利用において障害を生むことになりますが、それにもかかわらず、人口増加は、包括的で共有された発展と完全に共存可能です[28]」。一部の人々の過度で飽くなき消費主義を非難せず、人口増加を非難することは、問題に向き合うことからの逃避です。地球には収まり切らないほどの廃棄物を生むがゆえに一般化不可能な消費を権利であると信じる少数派によって、現行の分配モデルは正当であるとされています。そのうえ、生産された食品のおよそ三分の一が捨てられていること、「食料を捨てるなら、貧しい人の食卓から奪うことになる[29]」ということを、わたしたちは知っています。いずれにせよ、一国内あるいは世界における人口の不均衡な分布に注意を払わねばならないことは確かです。なぜなら、環境汚染、輸送、廃棄物処理、資源の枯渇、生活の質にかかわる諸問題が相互に影響し合う結果として、消費の増大は複雑な地域情勢を来すであろうからです。

51　不平等は、個人ばかりでなく、国全体にも影響を及ぼします。ですから、国際関係における倫理について考えねばなりません。真の意味での「エコロジカルな債務」が存在し、なかでも世界の南北間におけるそれは大きく、環境に影響する貿易の不均衡や、ある国々によって長期間行われてきた天然資源の過度の使用につながっています。工業化された北の市場を満たすための原材料の輸出は、金採鉱での水銀汚染や銅採掘での二酸化硫黄汚染などのようなかたちで、産出地域に被害をもたらします。二百年間溜《た》まり続け、今や世界のすべての国に損害を与える状況をもたらした残留ガスを、一時的に貯めおくことができる地球全体の環境容量の算出が急務です。いくつかの富裕国の莫大な消費が原因である温暖化は、世界のもっとも貧しい地域、とくにアフリカにその付けを回し、気温上昇と旱魃《かんばつ》が組み合わさって、農業に壊滅的な打撃を与えます。加えて、毒性のある固形廃棄物や有毒液体廃棄物の開発途上国への輸出と、資金を調達する自国では行うことのできない方法をもって開発途上国で操業する企業が生み出す汚染とに起因する被害もあります。「わたしたちは、このような方法で事業を行うのは大抵多国籍企業であることに気づいています。先進国、もしくはいわゆる第一世界では許可されないことをそこで行うのです。大抵の場合、彼らが操業を停止し撤退すると、あとには人間と環境とに甚大な被害――失業、さびれた集落、天然資源の枯渇、森林破壊、地域の農業・畜産業・養殖業の衰退、露天掘り方式の炭鉱採掘跡、切り崩された丘陵、汚染された河川、そしてもはや持続不可能となった一握りの社会福祉事業――が残されます[30]」。

52　貧困国の対外債務は支配の手段となっていますが、エコロジカルな債務についてはそれは当てはまりません。生物圏の最重要指定保護区域を擁する開発途上国は、自国の現在そして将来を犠牲にして、富裕国の発展にさまざまなしかたで寄与し続けています。南半球の貧しい地域は、土地は豊かでほとんど汚染されてはいませんが、彼ら自身にとって不可欠な必要を満たす財や資源の所有権の獲得は、商取引のシステムや構造的に不当な所有制度によって妨げられています。先進国は、非再生可能エネルギーの消費を大幅に制限することや、持続可能な開発のための政策や計画への支援を通してより貧しい国に資することで、この債務の返済に貢献しなければなりません。もっとも貧しい地域や国は、環境負荷を低減する新たなモデルを採用する可能性を持ち合わせていません。必要なプロセスを開発し、そのコストを賄うための資金調達がままならないからです。ですからわたしたちは、気候変動には差異ある責任があるということを意識し続けなければなりません。米国の司教団が述べたように、「強力な利害関係に押されがちな議論においては、とくに、貧しい人、弱い人、傷つきやすい人の必要」[31]にもっと関心を払うべきです。わたしたちは一つの家族であるという自覚を深める必要があります。自分には関係がないというための、政治的、社会的な、国境もなければ障壁もありません。ですから、無関心のグローバリゼーションが入り込む余地がないのはなおさらのことです。

Ⅵ　反応の鈍さ

53　わたしたちが別の道を歩むようにとの懇願の叫びを、世の中の見捨てられたすべての人とともに、姉妹である地球にも上げさせてきたのは、こうした状況です。この二百年間ほど、皆がともに暮らす家を傷つけ、また虐げてきた時代はありません。しかしわたしたちは、父なる神の道具となるよう呼ばれています。それは、わたしたちの星が、創造の時にお望みになられたものとなり、平和と美と充満へと向かう計画にかなうものとなるためです。問題は、この危機に立ち向かうために必要とされる文化を、わたしたちはいまだ有していないということです。新しい方針を打ち出し、将来世代に被害を与えることなく現在の必要を満たすことのできるリーダーシップが欠けているのです。明確な境界線を定めて生態系の保護を確保する法的枠組みの確立が必要不可欠になっています。それをしなければ、技術経済《テクノ・エコノミック》パラダイムに由来する新たな権力構造が、政治はおろか自由や正義をも押しつぶしてしまうでしょう。

54　国際政治における反応の鈍さは注目に値します。環境に関する世界サミットの不成功は、政治がテクノロジーと金融とに屈服していることを明らかにします。特殊な利害があまりにも多く存在し、経済的利害がいともたやすく共通善に優先され、自らの計画への影響を回避するために情報は操作されます。アパレシーダ文書は、「生命の源泉を不合理に破壊する経済組織の利害関心が、天然資源の取り扱いにおいて支配的になってはならない」[32]と強く求めています。経済とテクノロジーの結託は、その直接的な利害に無関係なものは何もかも除外するに至ります。結果として期待できるのは、形だけの宣言、継続性のない慈善活動、見せかけだけの環境配慮アピールばかりであり、その一方で、社会集団による実際上の変革の試みはどれも、現実離れした夢想が引き起こす迷惑行為、回避すべき厄介ごとだと理解されてしまいます。

55　一部の国は、徐々にかなりの進歩を遂げ、より効果的な管理法を開発しながら、腐敗と闘っています。民衆のエコロジカルな意識は高まりつつありますが、有害な消費習慣の転換に至るには十分でなく、消費は、減少するよりはむしろさらに拡大しているように見えます。単純な例として、エアコンの使用と出力の増大を挙げることができます。市場は即時の利益を求め、さらなる需要までも刺激します。わたしたちの世界を外側から眺める人なら、時に自殺行為にすら思えるこうした行動に目を見張ることでしょう。

56　その間、経済大国は、人間の尊厳や環境への影響はいうまでもなく、背景というものを考慮しない投機や金融上の利益追求を優先させながら、現今の世界の構造を正当化し続けます。こうしたことから、環境の悪化と、人間とその倫理の退廃とが密接にかかわっていることが明らかにされます。多くの人は、間違ったことをしているつもりはないというでしょう。限りがあり終わりがある世界という現実に気づく勇気が、娯楽によってたえず奪われているからです。ですから今日、「自然環境のような傷つきやすいものはすべて、神格化され絶対法則へと変換された市場利益の前に無防備なのです(33)」。

57　何らかの資源が枯渇してしまうと、気高い要求を装った新たな戦争に都合のよい筋書きを仕立てる動きが予見できます。戦争はつねに、環境と諸民族の文化的な富とに深刻な損害を与え、核兵器や生物兵器を想定するならば、その危険は甚大なものとなります。「化学兵器や細菌・生物兵器を禁止する国際的な合意があるにもかかわらず、自然のバランスを変えかねない新たな攻撃兵器開発のために、実験室で研究が続けられているのが現実です」[34]。新たな紛争を生じさせかねない原因の発生予防や解決を目指し、政治の立場から大いに目を光らせておくことが求められます。しかし、金融とつながった権力はこの取り組みに強く反発し、政策立案は往々にして視野の広さに欠けています。緊急かつ必要な際に介入できなかったと記憶に残るような権力に、なぜ今しがみつきたいのでしょうか。

58　国によっては、環境改善の好事例を見ることができます。数十年間汚染されていた河川は浄化され、天然林は回復し、環境再生事業による景観の美化が進み、美しい建造物が建てられ、クリーンエネルギーの生産や公共交通機関の改善が促進されてきました。こうしたことが達成されることによって、地球規模の問題が解決されるわけではありませんが、人間が積極的に介入できる余地がまだ示されています。わたしたちは愛するために創造されたゆえに、自分たちのあらゆる限界にもかかわらず、おのずから寛大さと連帯と気遣いを表そうとするものなのです。

59　同時に、自己満足と呑気《のんき》な無責任さを助長する、見せかけの、表面的なエコロジーが広がりつつあることが指摘できます。往々にして勇気ある決断が必要とされる深刻な危機の時代にそれは生じ、起きていることがまだ明確ではないとの考えに流されています。汚染や悪化のいくつかの兆候は別として、表面的に見るならば事態はそれほど深刻に見えませんし、地球は当分今のままあり続けるのかもしれません。そうした言い逃れは、現今のライフスタイルと、生産および消費のモデルとを保つためのものです。見ないでおこう、認めないでおこう、重要な決断を先延ばしにしよう、なかったことにしよう――、これが、自己破壊的な悪徳を勢いづかせるために人間がとる方策です。

Ⅶ　さまざまな意見

60　最終的にわたしたちは、こうした状況とその可能な解決策に関して、さまざまなアプローチや考え方が出されていることを認める必要があります。一方の極みには、倫理的な配慮も根本的な変革もなしに進歩神話をかたくなに主張し、環境問題は新たな技術的応用によって単純に解決されると断言する人たちがいます。他方の極みには、人的介入はすべて脅威であり地球生態系には害でしかないのだから、地球上の人間の数を減らし、人的介入はすべて禁じるべきだという人たちがいます。解決への道は唯一ではないのですから、この両極端の間で、将来に向けての実行可能なシナリオを描かなければなりません。そうすることで、総合的な解決策となる対話につながる貢献が、多様に広がる余地が生まれるのです。

61　具体的な多くの問題に関して、教会は最終的な見解を提示する資格を有してはいませんし、専門家の間の真摯な議論に、意見の相違を尊重しつつ、耳を傾け、それを推奨していかなければならないことを承知しています。ただし、皆がともに暮らす家が著しく傷つけられていることを理解するためには、事実への率直な視線だけはどうしても必要です。出口への道は必ずある、進む道はいつでも変えることができる、問題解決のためにできることは必ずある――、そう考えるよう、希望はわたしたちを招きます。しかしながら、変化と悪化があまりに急速で、限界点の兆候が見えています。そうした兆候は、大規模な自然災害ばかりか、社会的危機あるいは金融危機においても数多く表れています。世界で起きている問題を、それぞれ別個のものとして分析したり説明したりすることなどできないのです。すでに非常に高い危険にさらされている地域があり、世界の滅亡という予言は別としても、現今の世界の構造は、多様な観点から確実に持続不可能です。なぜならわたしたちは、人間活動の目的について、考えるのをやめてしまったからです。「地球の諸地域を眺め渡せば、人間が神の期待を裏切ってきたことにすぐに気づかされます(35)」。

第二章　創造の福音

62　善意あるすべての人にあてて認《したた》められたこの文書が、一章を割いて、信仰者たちの確信を取り上げるのはなぜでしょうか。政治や哲学の世界に、創造主という考えを固く拒絶したり無意味なものとみなしたりする人がいることを、わたしは重々承知しています。そうした人は、総合的《インテグラル》なエコロジーや人類の十全な発展に対して宗教がなしうる豊かな貢献を不合理なものとして捨て去ってしまいます。宗教を、大目に見てもよいサブカルチャーの一つとしか見ない人もいます。にもかかわらず、科学と宗教は、それぞれに独自のアプローチで現実を理解しながら、双方に実りをもたらす中身の濃い対話に入ることができるのです。

Ⅰ　信仰がもたらす光

63　生態学的危機の複雑さやその原因の多様性に鑑みれば、解決策が生まれるのは、現実を解釈し変容させるたった一つの方法からではない、ということに気づかなければなりません。さまざまな民族が有する多彩な文化的富、芸術や詩、内的生活や霊性に対しても敬意が示されてしかるべきです。わたしたちが与えてきた損傷をいやしうるエコロジーを本気で開発するつもりなら、科学のいかなる部門も知恵のいかなる表現も除外されてはならず、それには宗教と宗教特有の言語も含まれます。カトリック教会は哲学的思索との対話に開かれていて、それによって、信仰と理性のさまざまな総合を生み出すことができました。社会問題に関するそうした総合の代表が、教会の社会的な教えの発展であり、その教えは、新たな挑戦にこたえることによって、さらに豊かなものとなるよう促されています。

64　この回勅は、喜んですべての人と対話しながら、ともに解放への道筋を探るものですが、わたしはまずもって、キリスト者たちにそして他の信仰者たちにも、自然を、そしてもっとも弱い立場に置かれた兄弟姉妹たちを大切にするに十分な動機を、信仰上の確信がどのように提供しうるかを示したく思います。人であるという単純明快な事実が、自分たちがその一部である環境を大切にするよう人々を動かすとすれば、「とくにキリスト者は、被造界にあっての責任と、大自然と創造主に対する義務とが、自分の信仰の本質的な部分をなすと悟り」[36]ます。したがって、自らの確信に由来するエコロジカルな責務をわたしたち信仰者がよりよく自覚することは、人類にとって、また広く世界にとってよいことなのです。

Ⅱ　聖書が語る知恵

65　人間の世界とのかかわりについて、創造の神学の全体を繰り返さなくても、広く知られている聖書の物語から学ぶことができます。創世記冒頭の第一の創造記事によれば、人類を創造することが神の計画に含まれています。男と女を創造なさった後、「神はお造りになったすべてのものをご覧になった。見よ、それはきわめてよかった」（創世記1・31）のです。

すべての人は愛から創造され、神にかたどり神に似せて造られた（創世記1・26参照）と聖書は教えます。これは、「単なる物でなく、人格」であり、「自分を知り、自分を所有し、自分を自由に与え、他の人々と親しく交わることができる」[37]一人ひとりの人のはかりしれない尊厳を示しています。聖ヨハネ・パウロ二世は、創造主のそれぞれの人間に対する特別な愛が、「その人に無限の尊厳を授ける」[38]と述べました。人間の尊厳を守ろうと献身する人は、キリスト教信仰のうちに、そうした努力の最深の根拠を見いだすことができます。一人ひとりの生は、絶望的な混沌のただ中で、まったくの偶然あるいは際限なき循環に支配された世界の中で、あてどなくさまよっているのではない、という確かさは、なんとすばらしいものでしょう。創造主は、「わたしはあなたを母の胎内に造る前から、あなたを知っていた」（エレミヤ1・5）とわたしたち一人ひとりにいうことがおできになります。わたしたちは神の心の中に孕《はら》まれたのであり、それゆえ、「わたしたち一人ひとりは、神のはからいに基づいて生まれたのです。わたしたち一人ひとりは、神から望まれ、愛され、必要とされています」[39]。

66　創世記の中の創造記事は、それぞれ象徴的で物語的な言語で、人間存在とその歴史的現実についての意味深長な教えを語ります。密接に絡み合う根本的な三つのかかわり、すなわち、神とのかかわり、隣人とのかかわり、大地とのかかわりによって、人間の生が成り立っていることを示唆しています。聖書によれば、いのちにかかわるこれら三つのかかわりは、外面的にもわたしたちの内側でも、引き裂かれてしまいました。この断裂が罪です。わたしたちがずうずうしくも神に取って代わり、造られたものとしての限界を認めるのを拒むことで、創造主と人類と全被造界の間の調和が乱されました。このことによって、わたしたちに賦与された、地を「従わせ」（創世記1・28参照）「そこを耕し、守る」（創世記2・15）という統治の任にゆがみが生じたのです。その結果、もともとは調和が取れていた人間と自然とのかかわりが不調和を来すようになりました（創世記3・17―19参照）。意味深いことに、アッシジの聖フランシスコがすべての被造物とともにあって経験した調和は、そうした断裂のいやしとして理解されたのです。聖ボナヴェントゥラは、聖フランシスコが、あらゆる被造物との普遍的な和解をなし遂げることで、何らかの意味で原初の無垢な状態に戻ったのだと受け取りました。(40) 戦争、種々の暴力や虐待、もっとも脆弱《ぜいじゃく》な者の放置《ネグレクト》、自然への攻撃に、罪の破壊力のすべてが露わになっている今日のわたしたちの状況は、それとは似ても似つかぬものです。

67 わたしたちは神ではありません。大地は、わたしたちより前から存在し、それはわたしたちに与えられたものです。このことは次のような告発に答えさせてくれます。すなわち、ユダヤ・キリスト教の考えが、大地への「支配権」を人に賦与する創世記の記事（創世記1・28参照）に基づいて、人間の本性を暴君的で破壊的なものとして描くことで、自然に対する無制限な搾取を助長してきたという告発に対してです。これは教会の理解する聖書の正しい解釈ではありません。わたしたちキリスト者が時に聖書を誤って解釈したのは事実ですが、今日では、わたしたちが神にかたどって創造され大地への支配権を与えられたことが他の被造物への専横な抑圧的支配を正当化するとの見解は、断固退けなければなりません。聖書が世界という園を「耕し守る」よう告げている（創世記2・15参照）ことを念頭に置いたうえで、その本文を文脈に沿い適切な解釈法をもって読まなければなりません。「耕す」は培うこと、鋤《す》くこと、働きかけることを、「守る」は世話し、保護し、見守り、保存することを意味します。人間と自然の間には互恵的責任というかかわりが存在するとの含みがそこにはありま す。各共同体は、生存に必要なものなら何でも大地の恵みからいただくことができますが、大地を保護し、その豊饒さを将来世代のために確保する義務を有してもいます。「地は主のもの」（詩編24・1）であり、「地と地にあるすべてのもの」（申命記10・14）は主に属します。

こうして神は、絶対的な所有権を要求するあらゆる権利主張を退けられます。「土地を売らねばならないときにも、土地を買い戻す権利を放棄してはならない。土地はわたしのものであり、あなたたちはわたしの土地に寄留し、滞在する者にすぎない」（レビ25・23）とあるとおりです。

68　神のものである大地に対するこうした責任が意味していることは、知性を賦与された人間は、自然のおきてや、地上の被造物間に存在する繊細な平衡状態を尊重しなければならないということです。なぜなら、「主は命じられ、すべてのものは創造された。主はそれらを世々限りなく立て、越ええないおきてを与えられた」（詩編148・5b―6）からです。聖書の中に見られるおきてはかかわりに着目しており、それは、個人どうしのかかわりのみならず他の生き物たちとのかかわりにも及びます。「同胞のろばまたは牛が道に倒れているのを見て、見ないふりをしてはならない。……道端の木の上または地面に鳥の巣を見付け、その中に雛《ひな》か卵があって、母鳥がその雛か卵を抱いているときは、母鳥をその母鳥の産んだものとともに取ってはならない」（申命記22・4、6）とあります。七日目の休息が人間のためばかりでなく「あなたの牛やろばが休むため」（出エジプト23・12）にも意図されているのも、同様の考えに沿ったことです。聖書は、他の被造物のことを気にもかけない専制君主的な人間中心主義を正当化する根拠にはなりません。

69　わたしたちは、責任をもって地上の財を使用する義務とともに、他の生き物たちが神の目から見ればそれ自体で価値があるということを認めるよう促されています。生き物たちは「ただ存在するだけで神をたたえ、神に誉れを帰して(41)」おり、それゆえ主はご自分のわざを喜ばれるのです（詩編104・31参照）。「主の知恵によって地の基は据えられ」（箴言3・19）たのですから、わたしたちは、その比類なき尊厳と知性のたまもののゆえに、被造界とそこに備わるおきてを尊重するよう促されます。今日教会は、他の被造物について、あたかもそれ自身としては何の価値ももたず人間がほしいままにしうるかのように、人間の善に余すところなく従属させられている、と単純に言い立てはしません。ドイツの司教団は、他の被造物について述べる中で、「わたしたちは、有用であることの優位性よりも、存在することの優位性について語るべきでしょう(42)」と教えました。カテキズムは、ゆがんだ人間中心主義を、はっきりと力強く批判しています。「それぞれの被造物は固有の善と完全さを備えています。……異なる被造物は、それぞれのしかたで、神の無限の英知と善の一面を反映しています。

そのため、人間は各被造物に固有の善を尊重して、事物の濫用を避けなければならないのです」(43)。

70　カインとアベルの物語は、どのように妬《ねた》みが、カインに兄弟への究極の不正を犯させ、またそれが翻《ひるがえ》って、カインと神とのかかわりに、さらにはカインと大地とのかかわりに亀裂を生じさせ、彼がその地から追放されたのかをわたしたちに示します。このことは、神とカインとの劇的なやり取りの中にはっきりと見て取れます。神は尋ねます、「お前の弟アベルは、どこにいるのか」と。知らないと答えるカインに、神は執拗に迫ります、「何ということをしたのか。お前の弟の血が土の中からわたしに向かって叫んでいる。今、お前は呪われる者となった」（創世記4・9―11）と。わたしがその人の世話と保護の責任を負っている隣人とのしかるべきかかわりを培い保つ義務を軽んじることは、自分自身との、神との、そして大地とのかかわりを失うほどに損ねることになります。こうしたかかわりすべてが蔑《ないがし》ろにされるとき、義がもはやその地に住まわないとき、いのちそのものが危険にさらされている、と聖書はわたしたちに告げます。つねに正義と平和の要求を満たせずにいるという理由で神が人類を一掃しようとされたノアの物語によってそのことが理解されます。「すべて肉なるものを終わらせる時がわたしの前に来ている。彼らのゆえに不法が地に満ちている」（創世記6・13）。象徴に満ちたこうした古代の物語は、今日わたしたちが共有する一つの確信をあかししてくれます。それは、あらゆるものはつながり合っているという確信、そして、わたしたちが、自分たち自身のいのちを真に気遣い、自然とのかかわりをも真に気遣うことは、友愛、正義、他者への誠実と不可分の関係にあるという確信です。

71　「地上に人の悪が増し」（創世記6・5）、主が「地上に人を造ったことを後悔し、心を痛められた」（創世記6・6）にもかかわらず、神は、咎《とが》なく正しい人にとどまったノアを通して、救いの道を開くことをお決めになりました。こうして神は人類に新たに歩み始める機会をお与えになりました。希望を取り戻すのに必要とされるのは、実に一人の善良な人です。この再出発が、創造主のみ手によって自然の中に刻み込まれたリズムの回復と尊重を伴っていることを、聖書の伝統ははっきりと示しています。たとえば、安息日のおきてにそれを見ることができます。七日目に神はすべての仕事を離れて休まれました。神はイスラエルに、七日ごとに休息の日すなわち安息日を確保するよう、お命じになりました（創世記2・2―3、出エジプト16・23、20・10参照）。同様に、七年ごとに安息の年がイスラエルのために確保され、土地には完全な休息が与えられました（レビ25・1―4参照）。その間、種蒔《ま》きは禁じられ、人は自分と家族が生きていくために必要なものだけを収穫しました（レビ25・4―6参照）。最後に、安息の年を七回、すなわち四十九年が経つと、ヨベルの年が、全般的なゆるしと「その土地に住んでいる全住民の解放」（レビ25・10参照）の年として、祝われました。このおきては、他者との、また居住し労働する土地とのかかわりにおける、均衡と公平の確保を企図して生まれました。同時にそれは、大地とその実りがすべての人に属するたまものであることの承認でした。土地を耕し守る人々は、その実りをとくに、貧しい人や、彼らとともにある寡婦、孤児、外国人と分かち合う義務を負いました。すなわち、「穀物を収穫するときは、畑の隅まで刈り尽くしてはならない。収穫後の落ち穂を拾い集めてはならない。ぶどうも、摘み尽くしてはならない。ぶどう畑の落ちた実を拾い集めてはならない。これらは貧しい者や寄留者のために残しておかねばならない」（レビ19・9―10）のです。

72　詩編は、「大地を水の上に広げたかた」である創造主なる神への賛美を盛んに勧めます。「いつくしみはとこしえ」であるからです（詩編136・6）。また、他の被造物もわたしたちの賛美に加わるよう招きます。「日よ、月よ、主を賛美せよ。輝く星よ、主を賛美せよ。天の天よ、天の上にある水よ、主を賛美せよ。主のみ名を賛美せよ。主は命じられ、すべてのものは創造された」（詩編148・3―5）。わたしたちは神の大いなる力によって存在するだけでなく、神とともに、神の傍らに生きてもいます。これこそ、わたしたちが神をあがめる理由なのです。

73　預言書は、宇宙を創造された全能の神を観想することで、試練の時に新たな力を見いだすよう、わたしたちを招きます。さらに、神においては愛情深さと力強さとは結ばれており、それゆえ神の無限の力が、その父親のような優しさからわたしたちを遠ざけることはありません。実に、健全な霊性はどれも、その無限の愛ゆえに主に信頼をもって、神の愛を喜んで受け入れさせるとともに礼拝させせます。聖書において、解放し救ってくださる神は、宇宙を創造されたかたと同じ神であり、神のその二つの働きは密接につながっていて分かつことはできません。「ああ、主なる神よ、あなたは大いなる力を振るい、腕を伸ばして天と地を造られました。あなたのみ力の及ばないことは何一つありません。……あなたは、しるしと奇跡をもって、あなたの民イスラエルをエジプトの国から導き出されました」（エレミヤ32・17、21）。「主は、とこしえにいます神、地の果てに及ぶすべてのものの造り主。倦《う》むことなく、疲れることなく、その英知は究めがたい。疲れた者に力を与え、勢いを失っている者に大きな力を与えられる」（イザヤ40・28b—29）のです。

74　バビロニア捕囚の経験は、神へのいっそう深い信仰へと導かれる霊的な転機となりました。惨めな苦境の真っただ中で民が希望を取り戻すよう励ますため、創造主の全能が高く掲げられたのです。何世紀も後、別の試練と迫害の時代に、ローマ帝国がその絶対的支配への服従を求めたとき、信者たちは、「全能者である神、主よ、あなたのわざは偉大で、驚くべきもの。あなたの道は正しく、また、真実なもの」（黙示録15・3）と、全能の神へのいやます信頼のうちに慰めと希望を再び見いだしたのです。無から宇宙を創造なさった神は、この世界に介入もなさり、あらゆるかたちの悪を克服なさいます。不正は無敵ではないのです。

75　神が全能であり創造主であることを忘れる霊性を受け入れることはできません。そうなると結局わたしたちは、地上の諸力を礼拝し、あるいは神の地位を力づくで奪い、果ては、神の創造のみわざを踏みにじる無制限の権利を主張するまでになるのです。大地に対する絶対的支配の主張に終止符を打ち、人間をしかるべき場所に連れ戻す最善の道は、世界を創造し、その唯一の所有者である御父の姿について今一度語り直すことです。さもなければ人間はつねに、現実に対して、自分勝手な法則と利害とを押しつけようと試みることでしょう。

Ⅲ　宇宙の神秘

76　ユダヤ・キリスト教の伝統において、「被造界」という語は、どの被造物にもそれぞれ固有の価値と意義とを与える神の愛に満ちた計画に関係しているゆえに、「自然」よりも広い意味をもっています。自然は通常、研究と理解と制御の対象である一つのシステムとみなされますが、被造界は、すべてのものの父の広げられた手からいただくたまものとして、また天地万物の交わりへとわたしたち皆を招く愛によって照らされた現実として見ることで、初めて理解できるものです。

77　「みことばによって天は造られた」（詩編33・6）。これは、世界が、混沌や偶然からでなく、一つの決断の結果として生じたことを告げ、またこのことは世界をいっそう称揚させます。ことばによる創造は自由な選択を表しています。宇宙は、全能を勝手気ままに行使した結果、権力の誇示や自己主張の欲望の結果として生じたのではありません。被造界は愛の秩序にあずかっているのです。神の愛が、創造されたすべてのものを動かす原動力です。すなわち、「あなたは存在するものすべてを愛し、お造りになったものを何一つ嫌われない。憎んでおられるのなら、造られなかったはず」（知恵11・24）なのです。このように、あらゆる被造物は、世界における自分の場所を授けてくださる父の、優しさの対象です。もっとも小さなものの束《つか》の間のいのちさえ、神の愛の対象であり、存在しているほんの数秒間、神は愛情深くそれを包み込んでくださいます。大聖バジリオは、創造主を「惜しみなき善そのもの」[44]として描き、ダンテ・アリギエーリは、「その愛は動かす、太陽と、ほかのかの星々を」[45]と語りました。こうしてわたしたちは、創造されたものから「神の愛に満ちたあわれみへと」[46]上昇するのです。

78　同時に、ユダヤ・キリスト教の考えは、自然を非神格化します。その雄大さと広大さに感嘆しつつも、自然を神聖なものとは見ません。この非神格化によって、自然に対するわたしたち人間の責任がいっそう強調されます。人間は、世界の一部として、世界を守りその潜在性を伸ばすための能力を培う義務を有しているのですから、こうした自然の再発見によって人間の自由と責任が犠牲にされることなどあってはなりません。わたしたちが、自然の価値と脆弱《ぜいじゃく》さを、また同時に神から賜ったわたしたちの能力を認めるなら、際限のない物質的進歩という現代の神話をようやく捨て去ることができます。大切にするようにと神からゆだねられた壊れやすい世界が、自らの力を方向づけ、発展させ、制限する賢明な道を見いだすよう、わたしたちに挑んでいるのです。

79　宇宙は相互にやり取りする開放系《オープンシステム》によって形成されており、その中に無数のかかわり方やあずかり方を識別することができます。このことは、全宇宙は神の超越に開かれており、その中で全宇宙の発展があるのだという考えに、わたしたちを導きます。展開しつつあるものの意味と神秘的な美の解釈を可能にするのは信仰です。わたしたちには、物事をよい方向へと発展させることにも、あるいは、新たな不幸や新たな苦しみの原因を増やし、事実上の後退を招くことにも、知性を用いる自由があります。これが、自由や成長や救いや愛が花開くことも、退廃と相互破滅へと導かれることもある、人類史の動乱と悲劇的出来事を生み出すのです。教会は、自然を気遣う義務をあらゆる人に思い起こさせるよう努めるだけでなく、それと同時に、「教会は何よりも自己破壊から人類を守らなければなりません[47]」。

80　ところで、わたしたちとともに働くことをお望みになり、わたしたちの協力に信を置いてくださる神は、わたしたちが犯した悪から善を引き出すこともおできになります。「聖霊は、神の知性に固有の限りない創造力をもっており、人間生活の出来事の中の苦難である結び目をほどき解決します。たとえそれが、とても複雑で固いものであってもです[48]」。発展を必要とする世界を創造なさることで神は、ある意味ご自身を制限しようとなさったのです。つまり、わたしたちが悪、危険、苦しみの源と考える多くのものを、創造主に協力する働きにわたしたちを引き入れるための、現実における産みの苦しみの一部にすることによってです[49]。神は、被造物の自律性を妨げず、それぞれの存在に親密なしかたでともにおられ、それによって、地上の出来事にはしかるべき自律性が生じます[50]。こうした神の現存は、それぞれの存在の生存と成長を保障するものであり、「存在を授けるという働きの連続[51]」なのです。神の霊は宇宙を可能性で満たしておられ、それゆえ、ものの本質そのものの深みから、何か新たなものがつねに生じえます。「自然はある種の技芸、すなわち、ものに刻み込まれ、ものを明確な目的へと動かす、神の技芸にほかなりません。それはまるで、造船技師が材木に自己形成能力を授け、船の形が自動的にでき上がるようにすることができるかのようです」[52]。

81 進化の過程を前提とするとしても、人間は、他の開放系《オープンシステム》の進化によっては十分に説明できない独自性をも有しています。わたしたち一人ひとりは一個人としてのアイデンティティをもっており、他者との、そして神ご自身との対話に入ることができます。理性的に考え、議論を発展させ、創意に富み、現実を解釈し、芸術作品を創作するわたしたちの能力は、いまだ発掘されていない他の能力と並んで、物理学や生物学の領域を超え出る独自性のしるしです。物質界における人格的存在の出現に伴う質的に純粋な新しさは、神の直接的行為、およびいのちへの招き、そして「汝《なんじ》」ともう一人の「汝」とのかかわりへの個別の招きを前提とします。創造に関する聖書記事は、客体の範疇には決して還元されえない主体として人間一人ひとりを見るよう、わたしたちを招きます。

82 しかし、人間以外の生き物たちを、人間の恣意的な支配に服する単なる客体とみなすのもまた間違いです。自然を利潤や収益を生む元金としかみなさないなら、それは社会にゆゆしき結果をもたらします。「力は正義なり」というものの見方が、途方もない不平等や不正義、そして人類の大多数に対する暴力を生みます。資源は一番乗りした者や権力者に握られることとなるからです。つまり、勝者がすべてを取るのです。イエスによって提示された調和、正義、友愛、平和といった理想は、こうしたモデルとまったく相いれません。イエスが、同時代の権力者たちについて、「あなたがたも知っているように、異邦人の間では支配者たちが民を支配し、偉い人たちが権力を振るっている。しかし、あなたがたの間では、そうであってはならない。あなたがたの中で偉くなりたい者は、皆に仕える者になりなさい」（マタイ20・25―26）といわれたとおりです。

83　宇宙は、究極的に神の充満に達するよう定められており、その充満は、すべてのものの成熟の尺度である復活されたキリストによってすでに達成されています[53]。ここに、他の被造物への暴君的で無責任な支配は何であれ拒絶する、もう一つの論拠があります。わたしたち人間の中に、人間以外の被造物の究極目的を見いだすことはできません。むしろ、すべての被造物は、復活されたキリストがすべてのものを抱き照らしてくださっている超越的充満のうちにあり、わたしたちとともに前進し、またわたしたちを通して、共通の到達点である神へと向かっているのです。知性と愛を授けられ、キリストの充満に引き寄せられている人間は、すべての被造物を創造主のもとへと連れ戻すよう召されています。

Ⅳ　被造界の調和の中の被造物それぞれのメッセージ

84　わたしたちは、人間一人ひとりが神の像であると断言しますが、だからといって、被造物それぞれが固有の目的をもっているという事実を見落としてはなりません。不要なものは何一つありません。全物質界は、神の愛を、わたしたちへの神の限りなき愛の思いを語っています。土壌、水、山々、つまりあらゆるものは、いわば神の愛撫です。わたしたちの神との友情の歴史はいつも、濃密な個人的意味を帯びた個別の場所とつねに結びついています。場所を思い出し、またそうした記憶を思い返すことは、わたしたち皆にとって大いにためになります。丘陵地帯で育った人、泉の傍らに座ってはそこから飲んでいた人、外に出て近所の広場で遊んだ人なら、だれにとっても、そうした場所に戻ることは、何かしら本当の自分を取り戻すいい機会です。

85　神は、「宇宙の中に存在するもろもろの被造物を文字とする」[54] 貴重な書物を著してくださいました。カナダの司教たちはいみじくも、こうした神の顕示にあずかることのない被造物は何一つないと指摘しました。「広大な眺望から最小の生き物に至るまで、自然はいつも驚きとおそれの源です。それはまた神的啓示であり続けています」[55]。日本の司教団は、彼らしく、啓発的な観察眼を披露してくれました。「それぞれの生き物が、それぞれのいのちの歌を歌っているように感じ入ることは、神の愛と希望の中にわたしたちが喜び生きることにつながります」[56]。「信仰者にとって、被造界を観想することは、メッセージを聞くこと、逆説的な声なき声に耳を傾けることである」[57] がゆえに、こうした被造界の観想は、神がわたしたちに届けようとお望みになる教えを、一つ一つのものの中に発見させてくれます。「聖書に込められている厳密な意味での啓示と並んで、太陽の輝きや夕暮れの中に、神の顕示がある」[58] とわたしたちはいうことができます。こうした顕示に注意を払いつつ、わたしたちは、他のあらゆる被造物との関係の中で自らを見ることを学びます。「わたしは、世界を表現することによって、わたし自身を表現する。わたしは、世界の聖性を解読することによって、わたし自身の聖性を探る」[59] のです。

86　宇宙は一つの全体として、その多様なかかわりすべてをもって、神のくみ尽くしがたい豊かさを表明しています。聖トマス・アクィナスは思慮深くこう記しました。「事物の区別や多数性は、第一能動者たる神の意図に出でるものであ」り、その神は「神の善性を表現するのに一個の被造物では欠けるところのものを他の被造物から補(60)」うことを、神の善性は「一個の被造物を以てしては十分に表現されることが不可能である(61)」がゆえに、お望みになったと。したがってわたしたちは、いろいろなものをその多様なかかわりにおいて把握する必要があります(62)。もしわたしたちが一つ一つの被造物を神の計画全体において観想するなら、その一つ一つの重要性と意味がよりよく理解されます。カテキズムが教えるように、「神は被造物間の相互依存をお定めになりました。太陽と月、ヒマラヤスギと小さな草花、わしとすずめなどのような数え切れない相違点をもつものが存在するということは、いかなる被造物も自らだけでは存続していけないということを教えてくれます。これらは相互に依存して相補い、互いの役に立っています(63)」。

87　存在するすべてのものの中に映し出される神を見ることができるとき、わたしたちの心は、すべての被造物のゆえに主を賛美し、すべての被造物と一つになって主を礼拝したい、という願望に動かされます。こうした情感を壮大なスケールで表現しているのがアッシジの聖フランシスコの賛歌です。

「たたえられよ　我が主、
あなたから造られたもの、
わけても　貴き兄弟　太陽によって。
彼は昼を造り、
主は　彼により　我らを照らす。
彼は大いなる光によって
美しく照り輝き、
いと高き　あなたの
み姿を映す。
たたえられよ　我が主、
姉妹なる月と　あまたの星によって。
あなたは　それを　大空にちりばめ
美しく　貴く　きらめかす。

たたえられよ　我が主、
兄弟なる風　大気や雲
さま変わる　天の事象によって。
あなたは　それにより
造られた　すべてを支えられる。
たたえられよ　我が主、
姉妹なる水によって。
それは　みなを生かし、
おごることなく　貴く
また清らかに澄む。
たたえられよ　我が主、
あなたは　兄弟なる火によって
夜の闇を照らす。
彼は美しく　心地よく
たくましく　力あふれる(64)」。

88　ブラジルの司教団は、自然は一つの全体として神を顕示しているだけでなく、また神の現存の場でもある、と指摘してくれました。いのちの霊はあらゆる生き物の中におられ、ご自身とのかかわりへとわたしたちを招いておられます[65]。この現存を発見することによって、わたしたちは「エコロジカルな諸徳[66]」を培うよう導かれます。神と、神の充満を所有しないこの世のものとの間にある無限の隔たりを忘れてはなりません。さもなければわたしたちは、被造物にふさわしい固有の場所を認識できないがゆえに、被造物自身のためになることをなしえないでしょう。ささやかな存在である被造物に対して、要求しうるはずもない何かを不当に要求することになってしまいかねないのです。

V　天地万物の交わり

89　「いのちを愛される主よ、すべてはあなたのもの」（知恵11・26）とあるとおり、この世の被造物は所有権と無関係ではありません。このことは、わたしたち皆が、唯一の父によって存在するようにと造られ、宇宙に属するものとして見えないきずなによって結ばれて、宇宙家族ともいえる、聖にして愛情深く謙虚な敬意で満たす崇高な交わりを形成しているという確信を支えます。ここでわたしは繰り返したく思います。「神はわたしたちを取り巻く世界とわたしたちとを、かくも密接に結びつけました。土地の砂漠化は、それぞれにとっての病気のようなものです。特定の生物種が絶滅すれば、それをまるで手足が切断されたかのように悲しむはずです[67]」。

90　これは、すべての生き物を同じレベルに置くことではなく、また人間からその独自の価値とそれに伴う重大な責任を奪うことでもありません。大地への働きかけや壊れやすい大地の保護を妨げるであろう、大地の神格化でもありません。そうした考えは、結局のところ、わたしたちに応答を迫る現実から目を背けさせる新たな不均衡を作り上げることになります[68]。人格の卓越性を全否定しようとする強迫観念が時に見受けられ、すべての人間が等しく分かち持つ尊厳を守ることよりも、他の生物種の保護への強い熱意が示されます。確かに、他の生き物が無責任に取り扱われないよう配慮すべきです。しかし、とりわけ憤慨すべきは、自分は他人より価値があると考える人々を大目に見続ける、わたしたちのただ中にあるとんでもない不平等に関してです。一方では、絶望的で屈辱的な貧しさに陥って出口のない状況に置かれている人がいるのに、他方では、自分の所有物の扱い方を省みることなく、むなしくも見かけの優越性を見せびらかし、皆が同じようにすればこの星が壊れるであろうほど大量の廃棄物を後に残す人がいることを、わたしたちは気づかずにいます。まるでより多くの権利をもって生まれてきたかのように、自分たちは他の人々よりもずっと人間らしいと考える人々のことを、実際わたしたちは、依然として大目に見ているのです。

91　仲間である人間に対する優しさや共感や配慮が心に欠けているならば、人間以外の自然との親しい交わりの感覚は本物ではありえません。人身売買にまったく無関心でいて、貧しい人々について無頓着なままで、あるいは不要とみなされた他の人間を打ちのめそうとしながら、絶滅危惧種の不法売買と戦うことは、明らかに一貫性を欠いています。これは、環境のための闘いの意味そのものをゆがめます。これは、被造物ゆえに神をたたえる賛歌の中で、「わたしの主よ、あなたはたたえられますように、あなたの愛ゆえにゆるしを与える人々によって」と聖フランシスコが言い及んでいることとまったく符合しません。あらゆるものはつながっています。環境への配慮はこうして、仲間である人間への真摯な愛、そして社会問題の解決のための揺るぎない献身と結ばれる必要があります。

92　さらに、心が天地万物との交わりに真に開かれていれば、こうした友愛の感覚は、何をも、またどれをも排除しません。ですから、地上の被造物仲間に対する無関心や残虐行為は、遅かれ早かれ、他の人間への接し方に影響を及ぼすことになるのです。わたしたちはただ一つの心を有しており、動物虐待において見られるのと同じ卑劣さが他の人々とのかかわりにおいて姿を現すのに、そう長くはかからないでしょう。いかなる被造物に対するいかなる残虐行為も「人間の品位に反する(69)」のです。「平和、正義、被造界の保全は、完全に相互接続した三つのテーマであって、分離したり別扱いしたりすれば、再び還元主義に陥らずには済まない(70)」のですから、現実の何らかの局面を軽視しながら、十分に愛していると自負することはほとんど不可能です。あらゆるものは関係しており、わたしたち人間は、被造物一つ一つに向けられる神の愛によって結び合わされつつ、驚きに満ちた巡礼をともにする、兄弟姉妹として集められています。その愛はまた、兄弟なる太陽、姉妹なる月、兄弟なる川、母なる大地への柔和な情愛によって、わたしたちを一つにしてくれます。

Ⅵ　皆のためにある富

93　信仰者であろうとなかろうと、今日わたしたちは、大地は本質的に共通の相続財産であり、その実りは、あらゆる人の善益のためにある、ということに同意しています。神は世界をあらゆる人のために創造されたがゆえに、信仰者にとってこの同意は、創造主への忠実さの問題です。ですから、あらゆるエコロジカルなアプローチは、貧しい人や不遇な人の基本的権利を考慮する社会的視点を組み入れなければなりません。財貨は万人のためにある、すなわち、だれもがそれを用いることができるという権利に私有財産は従属するという原則は、社会的行動における黄金律であり、「倫理的、社会的秩序全体の第一原則」(71)なのです。キリスト教の伝統が、私有財産権を絶対あるいは不可侵のものと認めたことはなく、あらゆる形態の私有財産の社会的目的を強調してきました。聖ヨハネ・パウロ二世はこの教えを力強く再確認し、「神が大地を全人類に与えたのは、人類のだれ一人として欠けることなく生命を維持するためであり、神は何人をも排除したり、優遇したりしませんでした(72)」と述べました。

これは強いことばです。彼は、「個人や民族の権利、また個人的、社会的、経済的、政治的分野における各種の権利に敬意を払わない開発、そしてその拡充に背を向けるたぐいの開発は、真に人間にふさわしい開発とは呼べません[73]」と記しています。彼は、「確かに教会は正当な私有財産権を擁護しますが、また同様の明確さをもって、あらゆる私有財産にはいつも、社会的な担保がつけられていると教えます。それは、財貨が神の定められた普遍的な目的に奉仕するためです[74]」とはっきり説明しています。結論として彼は、「ある少数の人々のみを利するしかたで、この贈り物が用いられることは神の計画に沿うものではありません[75]」と主張します。これは、人類の一部に見られる不当な習慣に対する真摯な問いかけです[76]。

94 「主はそのどちらも造られた」（箴言22・2）がゆえに、富者も貧者も同等の尊厳を有しています。神は、「大いなる者も小さな者も、ご自分が造り」（知恵6・7）、「悪人にも善人にも太陽を昇らせ」（マタイ5・45）てくださいます。このことは、パラグアイの司教団の指摘にあるような実際的な帰結を伴うものです。すなわち、「農民《カンペシーノ》は皆、そこで家庭を築き、家族を養って生活を維持するための労働に供することのできる場として適正に分配された土地をもつ自然権を有しています。この権利は、架空のものとならず現実に行使できるものであることが、保証されなければなりません。それは、財の所有権とはかかわりなく、地方の人々が、専門教育を受け、銀行や保険を利用し、市場に参加することができなければならないということを意味しています」(77)。

95　自然環境は、一つの集団的な財、全人類が代々受け継いでいく財産であり、あらゆる人がその責任を負っているものです。何かをわたしたち自身のものにするということは、皆の善のためにそれを管理するということにすぎないのです。そうでなければ、他者の存在を否定したことの重荷を自らの良心が背負うことになります。これこそ、「世界人口の二十パーセントが、貧困国と将来世代からその生存に必要なものを略奪する勢いで、資源を消費している」(78)ときにあって、「汝《なんじ》、殺すなかれ」というおきての意味を、ニュージーランドの司教団が問うた理由です。

Ⅶ　イエスのまなざし

96　イエスは、神は父なり（マタイ11・25参照）という根本的な真理を強調しつつ、創造主なる神を信じる聖書の信仰を取り上げました。イエスは、弟子たちと語る中で、被造物に対する神の父としてのかかわりを悟るよう、促そうとしました。イエスは、感動的な優しさをもって、「五羽の雀が二アサリオンで売られているではないか。だが、その一羽さえ、神がお忘れになるようなことはない」（ルカ12・6）と、その一つ一つが神の目に大切なものと映っていることを、思い起こさせようとしました。「空の鳥をよく見なさい。種も蒔《ま》かず、刈り入れもせず、倉に納めもしない。だが、あなたがたの天の父は鳥を養ってくださる」（マタイ6・26）のです。

97　主は、好意と驚きに満ちたまなざしをもって、自らたえず自然に触れておられたので、世界に存在する美に目を凝らすよう、他者を促すことがおできになりました。主は、地方一帯を巡り歩きながら、御父がお蒔《ま》きになった美をしばしば立ち止まって観想なさり、事物の中にある神のメッセージを感じ取るよう、「目を上げて畑を見るがよい。色づいて刈り入れを待っている」（ヨハネ4・35）と弟子たちに呼びかけられました。「天の国はからし種に似ている。人がこれを取って畑に蒔けば、どんな種よりも小さいのに、成長するとどの野菜よりも大きくなる」（マタイ13・31―32）のです。

98　被造界との全き調和の中に生きるイエスに、他の人々は「いったい、このかたはどういうかたなのだろう。風や湖さえも従うではないか」（マタイ8・27）と驚嘆しました。彼の姿は、世を捨てた苦行者のそれでも、人生の楽しみの敵対者のそれでもありません。イエスは、ご自分のことを、「人の子が来て、飲み食いすると、『見ろ、大食漢で大酒飲みだ』という」（マタイ11・19）といわれました。身体や物質や世事を蔑視する哲学から、イエスは遠くかけ離れておられました。にもかかわらず、こうした不健全な二元論は、歴史の中で特定のキリスト教思想家たちの上に影を落とし、福音の真価を傷つけました。イエスは、神がお造りになったものに日々触れながら、職人としてそれに形を与える手仕事を生業としていました。印象深いのは、「この人は、大工ではないか。マリアの息子で」（マルコ6・3）とあるような、何ら称賛を呼び起こさない簡素な生活の中で、イエスの生涯の大半がそうした仕事にささげられたということです。このようにしてイエスは、人間の労働を聖化し、わたしたちの成熟にとっての特別の意義を労働にお与えになりました。聖ヨハネ・パウロ二世が教えたように、「わたしたち人間のために十字架にかけられたキリストとの一致のうちに仕事の労苦を耐えることで、人間は人類のあがないのために、神の子キリストといわば協力する」(79)のです。

99　「万物は御子によって、御子のために造られました」（コロサイ1・16）。キリスト教の世界理解では、全被造界の運命は、初めからおられたかたであるキリストの神秘と密接に結ばれています。(80)ヨハネによる福音書の序文（1・1―18）は、キリストの創造的な働きを神のことば（Logos）として啓示しています。しかし、それから序文は、思いがけなくも、この同じことばが「肉となった」（ヨハネ1・14）というに及びます。三位一体の一つの位格《ペルソナ》が創造された宇宙世界に入り込み、十字架に至るまで、運命をともにしてくださいました。世の始まりから、とりわけ受肉を通して、キリストの神秘が、一つの全体としての自然界において、その自律性を妨げることなく、隠れたしかたで働き続けています。

100　新約聖書は、地上のイエスについて、そして、彼が触れ、また愛した世界とのかかわりについてのみ語るのではありません。新約聖書は、普遍的な統治権をもって被造界の至るところに現存なさる、復活されて栄光に輝くイエスをも示します。「神は、み心のままに、満ちあふれるものを余すところなく御子のうちに宿らせ、その十字架の血によって平和を打ち立て、地にあるものであれ、天にあるものであれ、万物をただ御子によって、ご自分と和解させられた」（コロサイ１・19―20）のです。このことは、「神がすべてにおいてすべてとなられるため」（一コリント15・28）に、御子がすべてのものを御父に引き渡されるであろう時の終わりに目を向けるよう、わたしたちを導きます。こうして、復活されたかたが、被造物を、神秘的なしかたでご自分のほうへと抱き寄せ、最終目的である充満を目指させてくださるのですから、世の被造物は、もはや単に自然的なありさまで姿を現すのではありません。イエスが人間の眼《まなこ》をもって見つめられ感嘆なさったまさにそうした野の花々や鳥たちには、今や、イエスの輝かしい現存が吹き込まれているのです。

第三章　生態学的危機の人間的根源

101　生態学的危機の兆候をいくら記述しても、その危機の人間的な根源を認めないなら、ほとんど意味がありません。人間のいのちと活動についてのある考え方が、わたしたちを取り巻く世界に深刻な傷を与えるほど、ゆがんでしまっています。わたしたちは立ち止まって、このことを熟考すべきではないでしょうか。この段階でわたしが提案するのは、支配的になっている技術主義《テクノクラティック》パラダイムと、人間とその行為が世界の中で占める位置とに、焦点を当てることです。

I　テクノロジー――創造性と権力

102　人類は、技術躍進が重大な決断を迫る岐路に立たされる新時代に入りました。わたしたちは、この二世紀の間、蒸気機関、鉄道、電信、電気、自動車、航空機、化学工業、近代医療、インフォメーションテクノロジー、ここ最近では、デジタル革命、ロボット工学、バイオテクノロジー、そしてナノテクノロジーといった、大変革の波から恩恵を受けてきました。「テクノロジーは、わたしたちにすばらしい可能性を与える、神が授けたもうた人類の創造性の驚異の産物[81]」ですから、こうした進歩を喜び、わたしたちの前に広がる無限の可能性に興奮するのは正当なことです。有用な目的のための自然改変は、人類家族をその原初から特徴づけるものでした。テクノロジーそれ自体は、「物理的制約を徐々に克服するための原動力となる人間の内的緊張を表します[82]」。テクノロジーは、人間を傷つけたり制限したりするのが常であった、数え切れない害悪を取り除いてくれました。こうした進歩、とくに医療、工学、通信の分野での進歩をありがたく思い喜んで享受するのを禁じることができるでしょうか。発展を持続可能なものとしてくれる、従来とは異なる選択肢を提供してくれた多くの科学者やエンジニアの働きに対して、謝意を表さずにいられるでしょうか。

103 テクノサイエンスは、よい方向に向けられれば、生活家電から大規模輸送システムや橋梁、建築物や公共空間まで、生活の質を向上させる重要な手段を生み出すことができます。それはまた、芸術作品を生み、物質世界に埋没した人々を美の世界へと「跳躍」させてくれます。航空機や超高層ビルの美しさを、だれが否定しうるでしょうか。美術や音楽の優れた作品は、今では新しいテクノロジーを利用しています。そこでは、美の作り手の欲求も、その美の観照も、人間に固有のある種の十全に至るような跳躍となるのです。

104 しかしまた、核エネルギー、バイオテクノロジー、インフォメーションテクノロジー、人間のDNAに関する知識、また、獲得してきた他の多くの能力によって、わたしたちは絶大な権力を手にしてきたということをもわきまえておかなければなりません。より正確にいうと、これらが、知識をもった人々、なかでもそれらを利用する経済力のある人々に、人類全体と全世界に及ぶ強大な支配権を与えてきたのです。かつて人類は自らに対するこれほどの権力を有したことはなく、しかも、こうした権力が現に行使されている様態を考慮した場合はとくに、そうした権力が賢明に行使される保証はどこにもありません。現代の戦争ではこれまで以上に破壊的な兵器が用いられることを忘れずに、二十世紀半ばに投下された核爆弾、ナチズムや共産主義やその他の全体主義体制による何百万人もの殺戮《さつりく》に用いられた数多くのテクノロジーを思い起こせば十分でしょう。こうした権力すべてをだれが手中に収めているのでしょう、あるいは、結局それがだれの手に入ることになるのでしょうか。少数の人がそうした権力を握ることになれば、きわめて危険です。

105　まるで実在や善や真理が科学技術的で経済的な権力そのものから自動的に生み出されるかのように、「およそ権力の増大はすべてそのまま『進歩』に通ずる。安全性、有用性、福祉、生活力、価値あるものの充満度の上昇はことごとく進歩である[83]」と信じる傾向がありす。はかりしれない科学技術の発展に、人間の責任感や価値観や良心の成長を伴わせてこなかったのですから、実際のところ、「現代の人間は権力を正しく用いるための教育を受けてはいない[84]」のです。どの時代にも、自らの限界についての自覚に乏しいという傾向がありす。それゆえ、今眼前に迫る課題の重みをわたしたちが把握していないという可能性があります。「自由の規範などまるでお門違いである。そこにはただ有用性とか安全性とかいう、いくつかのいわゆる必然性があるにすぎない」ために、「人間が権力を狂った方向に用いる可能性が、不断に増大している」[85]のです。しかし、人間は完璧に自律した存在ではありません。わたしたちの自由は、無意識、喫緊の必要、私利私欲、暴力といった無軌道の力に引き渡されるとき、衰えていきます。このような意味でわたしたちは、増大し続ける権力を前にして、なすすべもなく、裸にされ、無防備にされています。わたしたちは、何らかの表面的な機構をもってはいますが、健全な倫理を、また、限界を定めさせ、明確な自覚に基づく自制を教えてくれる文化や霊性を有している、と主張することはできません。

Ⅱ　技術主義《テクノクラティック》パラダイムの地球規模化

106　問題の根本は、もっと深いところ、すなわち、テクノロジーとその発展のあり方を思い描く際に人類が踏襲してきた、未分化で一次元的なパラダイムにあります。こうしたパラダイムでは、論理的かつ合理的な手順を駆使して外部の客体に迫り、それを統制下に置く主体が高く評価されます。このような主体は、それ自体がすでに所有と征服と変形の技術であることが明らかな実践を伴う科学的方法論を確立することには、いかなる努力をも惜しみません。まるで主体は、いかようにも調整可能な形のない現実に向き合うものとして、自らを見いだすかのようです。人間はたえず自然に介入してきましたが、長らくそれは、事物それ自体が供する可能性に合わせ、応じるということでした。自然そのものが許容するものを、あたかも自然自身の手から受け取ることでした。それに比べ今のわたしたちは、事物の上に自分から手を伸ばして、たびたび目の前の現実を無視したり忘れたりしながら、可能なものすべてをそこから絞り出そうと試みています。人間と物質的客体は、もはや友好的に手を差し出し合うことはなく、そのかかわりは対立的になってしまいました。こうして、経済学者や投資家やテクノロジーの専門家を魅了する、無限の、あるいは際限なき成長という発想の受容が容易になったのです。それは、地球が供給する財は無限であるという虚偽であり、その結果地球は、いかなる限界も顧みられることなく搾り取られて搾り滓《かす》と化してしまいます。「無尽蔵のエネルギーと資源を手に入れ、これらを簡単に再生できるとみなし、また自然界はその開発から生じる損害を容易に吸収できるとみなす(86)」のは間違った考えです。

107　今日の世界の多くの問題は、時に無自覚に、テクノサイエンスの方法論とその目的を、個人の生活や社会の活動を形成する認識論的パラダイムとする傾向に由来しているといえます。こうしたモデルを人間と社会の現実全体に押しつけた結果が環境悪化において見られますが、それは人間生活や社会生活のあらゆる側面に影響を及ぼす還元主義の一つのしるしであるにすぎません。テクノロジーによる製品は、最後は、特定の権力集団の利害によって決められた方向性に沿って、ライフスタイルを条件づけたり、社会的な可能性を形成したりする特定の枠組みを作り出すがゆえに、中立的ではないということを受け入れなければなりません。手段にすぎないと思えるような決定が、実際は、どのような社会をわたしたちは築こうとしているのかに関する決定なのです。

108　別の文化的パラダイムを支持し、テクノロジーを単なる手段として用いるという発想は今となっては考えられません。科学技術的な資源なしにやっていくのは難しく、またその内なる論理に支配されずにそうした資源を使用することはさらにいっそう困難で、それほどまで、技術主義《テクノクラティック》パラダイムは支配的になってしまいました。テクノロジーとその費用、そして地球規模でわたしたち皆を規格化しようとするその権力、そうしたものから少しでも離れようとするライフスタイルの選択は、カウンターカルチャーになってしまいました。テクノロジーは、あらゆるものを自らの鉄壁の論理の中に押し込む傾向を有しており、「来るべき時代を担う人間は、技術における中心問題がひっきょう、有用性や福祉にはなくて、支配にあることを見抜いている。それはことばのもっとも先鋭な意味における支配[87]」なのです。その結果、人は「自然の基本要因にも、人間存在の基本要因にも、支配の手を伸ばす[88]」のです。その決定能力が、より本物の自由が、各人独自の選びによる創造性の空間が狭められるのです。

109　技術主義《テクノクラティック》パラダイムは、経済や政治においても固有の支配を行使する傾向を有していいます。経済は、人間に及ぼしうる負の影響を顧慮することなく、利得を期待して、テクノロジーにおけるあらゆる前進を受け入れます。金融が実体経済を制圧していいます。地球規模の金融危機の教訓は体得されておらず、環境悪化の教訓を学ぶわたしたちの足取りはあまりに遅々としています。現行の経済学とテクノロジーがあらゆる環境問題を解決するであろうと主張し、大衆向けに、専門用語を用いないで、地球規模の飢餓と貧困の問題は市場の成長だけで解決するだろうと論じているグループが存在します。問題は、今日ではおそらくだれもあえて擁護しないその経済理論の真偽ではなく、実際の経済開発にそれを用いることです。

ことばによって明らかにされることではなく、適切な生産量、富のよりよい分配、環境と将来世代の権利への責任ある配慮を気にかけていないかのような実践によってその主張が支持されることを問題にしたいのです。彼らの行動は、自分たちには利益の最大化で十分、ということを示しています。ところが市場は、それ単独では、全人的発展と社会的包摂を保証できません。[89] 同時に、貧しい人々が生きるのに最低限必要な資源を定常的に入手できるようにする経済制度や先導的な社会的取り組みの開発がひどく遅れているのに、わたしたちは「浪費的で消費主義的な『過剰な発展』を享受しており、これは非人間的な欠乏が継続している状況とは、容認できないほど対照的なものとなっています」[90]。科学技術的で経済的な成長の方向性や目的、意味や社会的含蓄、これらに関係した現今の不成功のもっとも深い根を、わたしたちは見損ねているのです。

110　テクノロジーに固有の専門分化は、より広範な状況理解を難しくします。知の断片化は明らかに具体的応用の助けにはなりますが、それはしばしば全体を、また物事の間のかかわりを、そしてより広い地平を積極的に評価する姿勢を失わせて、的外れのものとなります。まさにこの事実が、今日の世界のより複雑な問題、とりわけ環境と貧困に関する問題――こうした問題は、たった一つの視座から、あるいはただ一組の利害関心から扱うことはできません――の適切な解決策を見いだすのを難しくしています。重大な問題の解決法を提供しようとする科学は必然的に、哲学や社会科学を含む他の知の領域が生み出す知識を考慮しなければなりませんが、今日それは得難い習性です。また、説得力のある真正な倫理的地平があるわけでもありません。生活は次第に、それ自体が存在意義への主たる手掛かりとみなされるテクノロジーによって条件づけられた状況に降伏しつつあります。わたしたちが直面している具体的状況の中には、環境悪化、不安、生きることやともに暮らすことの意味の喪失といった病的兆候がいくつも見られます。今一度、わたしたちは「現実は理念に勝る(91)」ことを確認すべきです。

111　エコロジカルな文化は、汚染、環境破壊、天然資源の枯渇といった喫緊の問題に対する一連の部分的応急措置に矮小化《わいしょう》できるものではありません。技術主義パラダイム《テクノクラティック》の急襲に対してともに抗《あらが》わせてくれる、明確なものの見方、考え方、方針、教育プログラム、ライフスタイル、そして霊性が必要です。さもなければ、エコロジカルな最良の先導的取り組みでさえ、地球規模化した同じ論理に絡め取られてしまうおそれがあります。一つの環境問題が話題に上るたびに、それに対する技術的修復ばかりを追求することは、実は相互につながっているものを切り離し、全地球システムに及ぶ問題の真相と根深さを覆い隠すことになります。

112 それでもわたしたちは、再度、展望を広げることができます。わたしたちは、テクノロジーに制限を定めそれを方向づけるのに必要な自由を有しており、その自由を別様の進歩のために、すなわち、もっと健全で、より人間的で、より社会的で、より全人的な進歩のために役立てることができます。支配的な技術主義《テクノクラティック》パラダイムからの解放が、現実に起こることがあります。たとえば、小規模生産者組合が、汚染がより少ない生産手段を採用し、大量消費ではない、生活や娯楽や共同体のモデルを選択する場合です。また、テクノロジーが、人々の具体的問題の解消にもっぱら向けられ、いっそうの尊厳をもち、もっと苦しみを少なくして生きていくために本当の助けとなる場合です。あるいは、まさに、美の創造や観照の欲求が、美のうちに、また美を仰ぐ人々の中に生まれる一種の救いによって、還元主義を何とか克服し遂げる場合です。真正な人間性は、閉じた扉の下からそっと入り込む霧のようにほとんど気づかれないながらも、新たな総合へと招きつつ、テクノロジー文化のただ中に住まっているようです。真正なものの粘り強い抵抗が生まれるのですから、いろいろなことがあったとしても、期待し続けることはできるのではないでしょうか。

113　人々がもはや幸福な未来を信じていないように見えるのもまた事実です。彼らはもう、世界の現況やわたしたちの技術力に基づく、よりよい明日を無条件に信じてはいません。科学とテクノロジーの進歩を人類や歴史の進歩と同等視できないという自覚、よりよい未来への道はどこか他所にあるという感覚が育ちつつあります。これは、テクノロジーが供する数々の可能性を拒絶することではありません。しかし、人類に及ぼされてきた変化は深く、たえざる新奇さを積み重ねることにより、わたしたちを一方向になびかせるある種の浅薄さがほめそやされています。立ち止まって生の深みを取り戻すことは困難になっています。建築様式が時代の精神を反映するのであれば、現代の巨大構造物や味気ない集合住宅街は、地球規模化したテクノロジーの精神を表現しています。そこには、とめどなく氾濫し続ける新製品と退屈な単調さとが共存しています。わたしたちはこうしたことに決して甘んじることなく、あらゆるものがもつ目的と意味について驚嘆し続けましょう。さもなければわたしたちは、空虚さを何とか耐え忍ぼうとして、ただただ現状を正当化し、新たに別種の現実逃避が必要になるだけでしょう。

114　こうしたことのすべてが、大胆な文化的革命を前進させる差し迫った必要を示しています。科学とテクノロジーは中立ではありません。一つの過程の始まりから終わりまで、さまざまな意図や可能性が作用しており、それぞれ別の形状を取りえます。石器時代への回帰を提案する人はだれもいませんが、速度を落として異なるしかたで現実を眺め、なし遂げられてきた積極的で持続可能な進歩を十分に生かすとともに、抑制の効かない誇大妄想によって一掃されてきた価値と優れた目標を取り戻すことがわたしたちには必要です。

Ⅲ　近代の人間中心主義の危機と影響

115　近代の人間中心主義は、皮肉にも、現実よりも技術的思考を重視するところに行き着いてしまいました。というのは、「技術に従属した人間は、自然を価値ある規範とも、生気に満ちた庇護者とも感じていない。彼は自然を無前提に、即物的に見る。彼の眼には自然はある仕事をするために必要な場所であり、素材である。この仕事には、一切のものが投入されるが、その結果どんな事態が生じようとも、彼の眼は無関心である」[92]からです。こうして、世界の内在的尊厳が傷つけられました。人間はこの世界の中で占めるはずのしかるべき自分の場所を見失ってしまうと、自分自身について誤解し、ついには自分自身に背く行為に至ります。「神は人間に地球を与え、その与えた本来の善なる目的を尊重して地球を用いるようお命じになっただけでなく、人間自身もまた神がお与えになった贈り物なのです。ですから、人間は神から授かった自らの自然的、道徳的成り立ちを大切にしなければなりません[93]」。

116　近代は、行き過ぎた人間中心主義によって特徴づけられてきましたが、今日、それは別の姿で、理解の共有を、そして社会的なきずなを強化するあらゆる努力を阻害し続けています。現実とそれが課す限界にあらためて注視する時が来ました。この注視が、今度は、個人と社会がより健全で実り豊かな発展を遂げていくための条件となるのです。キリスト教の人間論が不適切なしかたで提示されたがゆえに、人間と世界とのかかわりに関する誤った理解が生じました。しばしば、世界制覇というプロメテウス的展望が受け継がれ、自然保護については、それを大切にせねばと気遣うのは臆病者だけだ、との印象が広がりました。しかしながら、宇宙に及ぶわたしたちの「支配権」は、責任ある信託管理という意味で、より適切に理解されるべきです(94)。

117　自然が被った損傷や、わたしたちの諸決定が環境に及ぼす影響のモニタリングを怠ることは、自然そのものに備わる諸構造に込められたメッセージへの無関心を示す、もっとも際立った兆候でしかありません。わたしたちが――少しばかりの例ですが――貧しい人やヒト胚や障害者の価値を現実の一部として認め損ねるとすれば、あらゆるものはつながっているのですから、自然そのものの叫びを聞くことも困難になります。ひとたび人間が現実からの独立を宣言し絶対的支配権をもって振る舞うと、「人間は、創造のわざにおいて神に協力するという役目を果たす代わりに、自らを神の座に置くことによって、ついには自然の反乱を引き起こ(95)」すので、わたしたちの生の基盤そのものが崩壊し始めるのです。

118　こうした状況が、人間より劣った存在に内在的価値を認めない技術主義《テクノクラシー》と、人間に何ら特別な価値を認めないもう一方の極論が並存するという、不断の分裂症状を招いてきました。しかし、だれも人間性を捨象することはできません。人間性の刷新なしに、自然とのかかわりを刷新することは不可能です。適切な人間論なしのエコロジーなどありえません。人格が、数あるものの一つにしか、偶然あるいは物理学的決定論の産物にしかすぎないとみなされるとき、「わたしたちの責任感全体が弱まります」[96]。逸脱した人間中心主義が、「生物中心主義」に必ずしも道を譲る必要はありません。そうなれば、別の不均衡が生じ、現在の問題を解決できず、新たな問題を付け加えることになるからです。認識や意志、自由や責任という、人間に固有の能力の存在と価値が同時に認められるのでなければ、世界についての責任を感じ取るよう人間に期待することは不可能です。

119　逸脱した人間中心主義を批判する際、人格間の諸関係の重要性を低く見積もってもいけません。現在の生態学的危機が、現代の倫理的、文化的、霊的な危機の何らかの兆候であるとすれば、人間の有する根本的なかかわりのすべてをいやすことなく、自然や環境とのかかわりをいやしているふりはできません。キリスト教思想は人間を、他の被造物を超える格別の尊厳を有するものとして理解しており、それゆえ、一人ひとりを重んじ他者を尊重するよう説いています。それぞれが、認識すること、愛すること、そして対話に参加することのできる「汝《なんじ》」である他者に開かれてあることは、人格としての貴さの源泉であり続けています。ですから、被造世界との正しいかかわりを守るためには、他者への開きというこの社会的側面も、神である「汝」への開きという超越的次元も軽視してはならないのです。他者との、そして神とのかかわりから隔絶した環境とのかかわりなどありうるはずもありません。そのような環境とのかかわりは、エコロジーの衣をまとった感傷的な個人主義以上のものではなく、わたしたちを息苦しい引きこもり状態に閉じ込めることでしょう。

120　あらゆることは関係し合っているので、自然保護は人工妊娠中絶の正当化とも相いれません。その存在が不安や難題をもたらすものであってもヒト胚を保護することができなければ、それらがいかに厄介で不都合なものであっても他の傷つきやすい存在に配慮することの重要性を真に教えることがどうしてできるでしょうか。「新しい生命の受容に対する個人および社会の感覚が失われるならば、社会にとって貴重な受け入れの姿勢の他の形態もまた衰退するでしょう[97]」。

121　わたしたちには、ここ数百年の偽りの議論を乗り越えることのできる新たな総合を作り上げる必要があります。キリスト教は、自らのアイデンティティと、イエス・キリストから受けた豊かな真理の遺産に忠実に、変化する歴史的状況との実り豊かな対話を通して、こう

した問題の省察を続けます。そうすることによって、キリスト教の永遠の新しさが啓示されるのです。(98)

実践的相対主義

122　逸脱した人間中心主義は、逸脱したライフスタイルへと導きます。使徒的勧告『福音の喜び』の中でわたしは、今の時代に典型的な実践的相対主義を指して、「教理的な相対主義よりも危険な」(99)ものであると記しました。人間が自分自身を中心に据えるとき、人間は刹那的な利便性を何よりも優先し、他のすべては相対的なものとなります。ですから、遍在する技術主義《テクノクラティック》パラダイムと、人間の権力への制限なき崇拝とが手を結ぶところで、その時その場の自分の利害に沿わないものは何であれ無用なものとみなす相対主義が勃興しても驚くことはありません。相異なる態度が互いを増長させ、環境悪化と社会崩壊へと至らせる論理が、こうしたことすべての中に働いています。

123　相対主義の文化は、他人を利用し、自分以外の人々を単なる操作対象として扱うように人を駆り立て、強制労働を科したり債務返済に縛りつけたりするのと同じ病状を呈しています。同種の考え方が、児童への性的虐待や、わたしたちの利害関心には添わなくなった高齢者の遺棄を引き起こします。それはまた、経済の統制を市場の見えざる力にゆだね、その影響による社会や自然への負荷は必要悪とみなそう、ということばを口にする人々の考え方でもあります。自分自身の欲望やその時その場の必要を満たすこと以外に客観的な真理や信頼に値する原理がない中で、人身売買、組織犯罪、麻薬取引、紛争ダイヤモンドや絶滅危惧種の毛皮の取引に対して、どのような制限をかけることができるでしょうか。転売や実験目的で貧しい人の臓器を買うことや、親の望みとは違うという理由で子どもを排除すること、こうしたこととの正当化も、同じ相対主義的な論理ではないでしょうか。本当に必要なものを超えて多くを消費したいという乱れた欲望のゆえに、こんなにも多くの廃棄物を生み出すのも、同じ「使い捨て」の論理です。環境に悪影響を及ぼす行為を防ぐには、政治的な取り組みや法的な強制力では不十分だ、とわたしたちは考えるべきです。文化が堕落し、客観的な真理や普遍的に有効な諸原理がもはや保てなくなると、法は恣意的な強制手段あるいは回避すべき障害物としかみなされなくなるからです。

雇用を守る必要性

124　聖ヨハネ・パウロ二世がいみじくも回勅『働くことについて』の中で記したように、定義上人間を排除しない総合的《インテグラル》なエコロジーに迫るには、労働の価値を考慮する必要があります。創造について語る聖書記事によれば、ご自身がお造りになった園に神が男女を置かれたのは（創世記2・15参照）、そこを保全する（「守る」）ためばかりでなく、より実り豊かなものとする（「耕す」）ためでした。こうして労働者や職人は「造られたこの世界の調和を固く保つ」（シラ38・34）のです。被造世界を賢慮あるしかたで発展させることは、わたしたちが神の道具となって、事物の中に神がお刻みになった可能性を引き出すことを意味するがゆえに、被造世界の世話をするもっともよい道なのです。「主は大地から薬を造られた。分別ある人は薬を軽んじたりはしない」（シラ38・4）のです。

125　周辺世界との人間固有のかかわりを省みれば、働くことについて正しく理解する必要があることが分かります。人間と事物とのかかわりについて語るなら、すべての人間活動に込められた意味と目的に関する問いが生じるからです。それは、肉体労働や農作業ばかりでなく、社会報告書の作成から科学技術的な開発の企画設計まで、今ある現実の改変にかかわる活動なら何にでも関係しています。あらゆる形態の労働は、自分以外のものとの間にもつことができ、またもたなければならないかかわりについての理念を前提としています。キリスト教の霊的伝統は、アッシジの聖フランシスコに見られる、被造界の畏敬に満ちた観想と並んで、福者シャルル・ド・フーコーとその仲間たちの生涯を例とする、働くことの意味についての豊かで健全な理解を発展させてきました。

126　わたしたちはまた、修道生活の偉大な伝統に目を向けることもできます。もともとそれは、一種の厭世《えんせい》、退廃した都市からの逃避でした。修道士たちは、神の現存に出会うための最良の場であるとの確信をもって、砂漠を目指しました。後に、ヌルシアの聖ベネディクトは、祈りと霊的読書を肉体労働と結びつけ（ora et labora: 祈り、かつ働け）、共同体の中で生活するよう修道士らに提案しました。肉体労働が帯びている霊的な意味を理解することの革新性が明らかになったのです。瞑想することと働くこととが影響し合う中で、人格的成長と聖化とが探求されるようになりました。働くことをこんなふうに経験すれば、わたしたちは環境をもっと守りもっと尊ぶようになり、世界とのかかわりは健全な節欲で満たされます。

127　わたしたちは、「人間は、全経済・社会生活の作り手、中心、目的[100]」であると確信しています。それにもかかわらず、ひとたび観想と畏敬の能力が人間から失われると、働くことの意味がゆがめられやすくなります[101]。わたしたちは、自分たちが「境遇を改善し、道徳的成長を推し進め、霊的資質を発展させる能力[102]」を有しているということを思い起こす必要があります。働くことは、そうした豊かな人格的成長の舞台、すなわち、創造性、未来のための計画、才能の開発、価値の実現、他者にかかわっていくこと、神に栄光を帰すこと、こうした多くの生の局面が共演する舞台であるべきです。したがって、今日のグローバル社会という現実の中で、「すべての人が安定した雇用を得られるという目標が継続的に優先されること[103]」が必要不可欠であって、ビジネス上の利害関心が制限されようが、経済上の理屈が疑いを起こさせようが、そうなのです。

128　わたしたちは、その創造の初めから、働くことへと招かれています。テクノロジーの進歩によって人間の働きがますます不必要になれば、それは人類にとって不利益となるでしょうから、そうしたことを目標にすべきではありません。働くことは一つの必然であり、地上における生の意味の一部であり、成長や人間的発達や人格的完成への小路です。その意味で、貧しい人々への金銭的援助はつねに、差し迫った必要にこたえる、当座の解決策でなければなりません。真の目標はつねに、貧しい人々が自ら働くことによって尊厳ある生活を送ることができるように条件を整えることであるべきです。しかし、経済の状勢判断は、労働者を解雇しその代わりに機械化を進めることによって生産コストを減少させる、一種の科学技術的進歩を好んできました。しかしこれは、結局自分たち自身への攻撃になってしまう別の道です。雇用の削減は「『社会関係資本』の漸進的浸食によって経済も損ないます。浸食される『社会関係資本』とは、すなわち、信頼関係のネットワーク、信用性、規則に対する尊重のことです。これらはすべて如何なる市民的共存にとっても不可欠なものです[104]」。要するに、「人的損失はつねに経済的損失を伴い、経済的な機能不全はつねに人的損失を伴[105]」うのです。より大きな短期的金融利益を得るために人への投資をやめるのは、社会的に最悪のビジネスです。

129　雇用を提供し続けるためには、生産活動上の多様性とビジネス上の創造性を好む経済の促進が至上命令です。たとえば、世界人口の大半を養う、多岐にわたる小規模食糧生産システムがあります。それらは、小規模の農業区画であれ、果樹園や菜園であれ、狩猟や野生植物の採取あるいは小規模漁業においてであれ、わずかな土地や水を利用するだけで、生み出される廃棄物もわずかです。規模の経済は、とくに農業分野では、小規模農家に、土地の売却や伝統作物の栽培からの撤退を強いることになってしまいます。別の、あるいはより多様化した生産手段への移行の試みは無益であることは明らかです。なぜなら、広域市場と世界市場への参入が困難であったり、あるいは、販売と輸送のための社会基盤が大企業向けに整備されたりしているからです。公権は、小規模生産者や差別化生産を支援するために、明確で手堅い対策を講ずる権利と義務を有します。すべての人が実利にあずかることのできる経済的自由を保障するためには、より大きな資金源や財力を有する人々に制約を課さなければならない場合があります。多くの人々の経済的自由の行使が現に阻まれているにもかかわらず、また雇用機会が連続的に減少しているにもかかわらず、経済的自由を声高に叫ぶのは二枚舌を使うことであって、政治不信を招きます。ビジネスというものは、富を生み、わたしたちの世界を改善する尊い使命です。操業地域において、とくに雇用創出を共通善拡充の本質部分であると見ているのなら、ビジネスは操業地域の繁栄の実り多き源泉でありえます。

バイオテクノロジーの新局面

130　ここまで提示してきた、人間について、また被造界についての哲学的また神学的な視座から明らかなことは、理性と知識を賦与された人間は除外すべき外部要因ではないということです。人間が人間らしく生きていくために必要な場合、動植物への人的介入は許されるわけですが、動物実験が倫理的に容認できるのは、「妥当な限度内にとどまり、人間の生命をいやしたり救ったりすることに役立つかぎり[106]」においてだけであると『カトリック教会のカテキズム』は教えます。同書は、人間が行使してよい権力には限度があり、「動物に無益な苦痛を与えたり、みだりに殺害したりするのは、人間の品位に反する[107]」と明確に述べています。すべてのそうした利用や実験にあたっては、「宗教心をもって被造界の保全の尊重を心掛ける必要[108]」があります。

131　ここでわたしは、聖ヨハネ・パウロ二世のバランスの取れた見解を想起したいのです。彼は、「他の領域に与える影響や未来の世代の安全に十分な注意を払うことなしには、どんな生態系の領域にも介入すべきではない」と指摘しながらも、科学的また科学技術的な進歩の恩恵を「神の創造のわざに責任をもって参与するという、人間の高貴な使命[109]」の証左であると強調しています。彼は、教会が、「たとえば遺伝学のような他の学問分野によって補完された分子生物学の研究と応用、そして農業や工業におけるその技術的応用から[110]」もたらされる便益に価値を見いだしていることを明らかにしています。しかしまた、そうした介入の悪影響を無視した「無差別な遺伝子操作[111]」へと導かれてはならないとも指摘しています。人間の創造性は抑圧できるものではありません。芸術家が、自身の創造性の行使を妨げられることがあってはならないのならば、科学やテクノロジーの進展にあずかる格別のたまものを有する人々が、他の人々のためにと神から与えられた才を生かすのを妨げてはなりません。著しいリスクを伴う権力形態である、こうした人間活動の、目標、影響、全体的背景、そして倫理的制約についての再考がつねに必要です。

132　これが、動植物への人的介入に関して省察する際の正しい枠組みであり、現在そうした介入には、物質界に潜む可能性を引き出す目的で行われるバイオテクノロジーによる遺伝子操作も含まれています。信仰が理性に払うべき敬意は、生物科学が、経済的利害に左右されない調査研究を通して、生物学的構造ならびにその可能性や変異について教示できる内容に、細心の注意を払うよう促します。正当な介入であればどんな介入も、「それ自身の本性にかなった発展、神が意図されたような被造界の発展の一助となる」[112]ためにのみなされる、自然への働きかけであることでしょう。

133　遺伝子組み換え作物は、野菜であれ動物であれ、医療関連であれ農業関連であれ、非常に多岐にわたっていてそれぞれにしかるべき考慮が求められるがゆえに、それについて全般的な判断を下すのは困難です。問題となるリスクは、必ずしも使用される技術によるものとは限らず、むしろ不適切な、あるいは行き過ぎたその適用によるものです。遺伝子変異は、事実、自然そのものによってたびたび引き起こされてきましたし、今なお引き起こされ続けています。人的介入による変異も現代特有の現象ではありません。動物の家畜化、異種間交配、その他古くから広く受け入れられてきた実践例を挙げることができます。遺伝子組み換え穀物における科学的発展は、植物のゲノムを自発的に変化させる自然バクテリアの観察から始まったということを思い起こす必要があります。しかし、自然界におけるこうした変化過程はゆっくりとしたもので、数百年にわたる科学的進歩によって可能となった今日のテクノロジーの進展がもたらした変化のペースは、それとは比較できないほど速いものです。

134　遺伝子組み換え穀物は人間に害をなす蓋然性を有すると結論づける証明はありませんし、いくつかの問題の解決に役立つ経済成長がそうした穀物によってもたらされた地域もあるのですが、軽視すべきでない重大な難点がいくつも残っています。多くの場所で、こうした作物の導入後、「土地が過酷な利用に曝されて消失した結果、小規模生産者たちが直接的な生産からの退却を余儀なくされて、どんどん姿を消していく[113]」ことによって、生産性のある土地が少数の地主の手に集中しました。その中で、弱い立場の人々は時限労働者となり、多くの農業従事者は都会の貧困地区に移り住むはめになっています。こうした作物の拡大は、生態系の複雑なネットワークの破壊、多様な生産活動の減退、現在そして将来における地域経済への打撃をもたらします。さまざまな国で、種子の生産と栽培に必要とされる他の製品の寡占の拡大が見られます。一代限りの種子の生産が検討されることがあるとすれば、こうした依存状態はいっそう助長され、その結果、農夫たちに、より大規模な生産者からのそうした種子の購入を強いることとなるでしょう。

135　確かにこれらの問題は、不断の注視と、倫理的含蓄についての検討を要求します。広範で責任ある、科学的で社会的な討論、入手可能なすべての情報を考慮に入れ、率直に話せる討論が行われる必要があります。完全な情報が議論の俎上《そじょう》に乗せられないことが時々起こり、政治経済的なものであれイデオロギー的なものであれ、個別の利害による情報選別がなされます。このことが、種々さまざまの問いに関する、すべての関連する可変要因を計算に入れた、バランスの取れた賢明な判断に達するのを難しくします。直接あるいは間接に影響を被る人々（農家、消費者、行政当局、科学者、種子生産者、燻蒸《くんじょう》消毒された地所の近隣住民など）皆が、自分たちの問題と懸念とを周知させてくれ、そして、現在と未来の共通善に資する決定を下すために、適切で信頼できる情報を与えてくれる討議が必要です。遺伝子組み換え作物の問題は、複雑さを特徴とする問題です。そのすべての側面を包括的に捉えるアプローチが要求されますし、少なくとも、新たな光をもたらしうる自律した学際的研究のための多様な財政支援努力がもっと求められています。

136　他方、いくつかの環境保護運動が、環境の十全性を守るにあたって科学的調査研究に制限を課すよう要求するにもかかわらず、人間の生命には同じ原則を適用せずに済ますことがあるのは憂慮すべきことです。生きているヒト胚に実験を施す際、あらゆる境界線の侵犯を正当化する傾向がうかがえます。人間の譲渡不可能な価値は発達度のいかんに左右されないということを、わたしたちは忘れるのです。同様に、テクノロジーが非常に重大な倫理原則を無視するとき、それは、いかなる実践をも合法とみなすに至ります。この章で見てきたように、倫理から切断されたテクノロジーにとって、自らの権力を制限するのは容易なことではないでしょう。

第四章　総合的《インテグラル》なエコロジー

137　あらゆるものは密接に関係し合っており、今日の諸問題は、地球規模の危機のあらゆる側面を考慮することのできる展望を求めています。それゆえここで、こうした危機の人間的側面と社会的側面を明確に取り上げる総合的《インテグラル》なエコロジーの、さまざまな要素を考察していきましょう。

I　環境的、経済的、社会的なエコロジー

138　エコロジーとは、生命体とその生育環境とのかかわりの研究です。こうした研究は、社会の存在と存続に必要な諸条件に関する考察と討議、そして開発と生産と消費の特定のモデルの問い直しに必要な正直さを必然的に伴うものです。すべてがつながっているといくら主張しても主張しすぎることはありません。時間と空間はおのおの独立してあるものでなく、また原子や素粒子でさえ、それ単独で捉えることはできません。ちょうど地球のさまざまな側面――物理的、化学的、生物学的――が関係し合っているのと同じように、生物種もまた、探り尽くされたり知り尽くされたりすることは決してないネットワークの一部です。わたしたちの遺伝情報の大部分は、多くの生物と共有されています。それゆえ、知識の断片化や情報の細分化は、現実に対するより広範な展望へと統合されないのなら、実際には一種の無知となりうるのです。

139　「環境」について話すときにわたしたちが本当にいおうとしているのは、自然と、その中で営まれている社会とのかかわりのことです。自然を、わたしたち自身とは関連のない何か、あるいは、わたしたちの生活の単なる背景とみなすことはできません。わたしたちは自然の一部で、その中に包摂されており、それゆえ、自然との絶えざる相互作用の中にあります。ある領域の汚染原因を突き止めるには、社会の仕組み、その経済のあり方、行動パターン、現実把握の方法についての研究が必要になります。変化の規模を考えれば、問題の各部分にぴったりと当てはまる答えを見いだすことはもはや不可能です。さまざまな自然システム間の相互作用および社会の諸システムとの相互作用を考慮した、包括的解決の探求が不可欠です。わたしたちは、環境危機と社会危機という別個の二つの危機にではなく、むしろ、社会的でも環境的でもある一つの複雑な危機に直面しているのです。解決への戦略は、貧困との闘いと排除されている人々の尊厳の回復、そして同時に自然保護を、一つに統合したアプローチを必要としています。

140　具体的な事業の環境影響を見極める際に考慮すべき要因の数と種類に鑑みれば、調査研究者のために、しかるべき役割を分担し、相互の交流を支援し、学問的な自由を広く保証することが不可欠です。継続的な調査研究はまた、異なった被造物どうしがどのようにかかわり合いながら、今日「生態系《エコシステム》」と称されるより大きな単位を形づくっているのかについて、よりよい理解を与えるはずのものです。これらのシステムについて考慮するのは、それらの最善の利用法を見極めるためばかりでなく、有用性とは別の内在価値をそれらが有しているからでもあります。一つ一つの有機体は、神の被造物として、それ自体において善なるもの、感嘆すべきものであり、一定の空間に存在し一つのシステムとして機能している調和の取れた有機体の集合も、また同様です。しばしば気づかないことですが、わたしたち自身の存在はそうしたより大きなシステムに依存しているのです。二酸化炭素の吸収、水の浄化、疾病や流行性感染症の制御、土壌の形成、廃棄物の分解において、また、わたしたちが見過ごしたり、あるいは、単純に知らずにいたりする他の多くのしかたで、生態系どうしがどのように作用し合っているかを思い起こせばいいのです。多くの人は、ひとたびこのことを意識すると、自らの生存と能力に先立って前もって与えられている現実を土台として生き、活動していることに気づくのです。それゆえ、「持続可能な利用」について話す際はいつも、相異なる領域や様相で発揮される各生態系の再生能力が考慮されなければなりません。

141　一方、経済成長には、行程の簡略化とコストの削減を目的として、機械的動作と規格化をもたらす傾向があります。このことは、現実に対するより広い展望に訴える「経済的なエコロジー」の必要を示唆するものです。環境保護は事実、「開発過程の不可分の部分とならなければならず、それから分離しては考えられないもの[114]」です。経済学を含むさまざまな学問分野を結集させることのできる、より全人的で統合的な展望に資するヒューマニズムを、わたしたちは緊急に必要としています。現代の環境問題の分析は、人間や家族、労働や都市生活といった背景の分析からも、また、他者へのかかわり方や環境へのかかわり方にいずれ影響を及ぼす自分自身とのかかわり方からも、切り離すことはできません。種々の生態系の間には、またさまざまな社会集団の間には、一つの相互作用があり、それもまた「全体は部分に勝る[115]」ことの証左です。

142　あらゆるものが関係しているのなら、社会制度の健全さは、生活の質と環境とに影響を及ぼします。「連帯と市民の交友に対するすべての侵害が環境を害する[116]」のです。このような意味で、社会的なエコロジーは必然的に制度を扱うものとなり、第一次集団すなわち家族から始まって、より広く、地域的、国家的、国際的な共同体へと、徐々に社会全体に広がっていきます。各社会階層の内部で、またそれらの階層間で、諸制度が発達し、人間的なかかわりを調整します。そうした制度を弱体化させるものは何であれ、不正義や暴力や自由の喪失といった否定的な結果をもたらします。多くの国が、実効性の低い制度――それゆえに利を得る人が得をする一方、国民に大きな問題を引き起こしてしまうような――を有していいます。国の政府においてであれ、さまざまな市民社会集団においてであれ、個人どうしのかかわりにおいてであれ、法を尊重する精神の欠如はごく普通のこととなりつつあります。おそらく、法律は適切に書かれているのに、多くの場合、死文となってしまっているのでしょう。そうであるならば、そうした状況で、環境関連の法律や規制に真の実効性を期待できるでしょうか。たとえば、森林保護に関する明確な法律をもっている国が、繰り返される違法行為を黙認し続けているのを、わたしたちは知っています。さらに、どこか一つの場所で起こることが、他の場所に直接または間接の影響を及ぼすこともありえます。こうして、たとえば、富裕な社会での麻薬使用が、貧しい地域からの輸入品の需要を継続させ増大させることとなり、そうした地域では、行動は堕落し、生活は破綻し、環境は悪化し続けることになります。

Ⅱ　文化的なエコロジー

143　自然という遺産と同様、歴史的、芸術的、文化的な遺産も脅威に曝されています。こうした遺産は、おのおのの場所で共有されているアイデンティティの一部であり、住むに適した都市を建設する際の土台です。それは、今ある都市を取り壊して、環境には優しくとも、住むことにおいては魅力的とは限らないような、新しい都市を建設するということではありません。むしろ、それぞれの場所の歴史、文化、建造物を取り入れて、その場所固有のアイデンティティを維持する必要があるのです。こうしてエコロジーはまた、人類の文化財の保護に、そのもっとも広い意味において、積極的に関与します。より明確にいえば、エコロジーは、環境問題の研究にあたって、専門的な科学言語と民衆の言語との対話を大事にし、地域文化により大きな関心を払うよう要求します。文化は、過去からの継承以上のものです。それは、何にも増して、生き生きとした、動的な、参加型の今ここにある現実であって、人間と環境とのかかわりの再考にとって外すことのできないものでもあるのです。

144　人間がもつ消費主義的な考え方は、今日の地球規模化した経済機構によって助長され、諸文化の均一化をもたらし、全人類の相続財産であるはかりしれない多様性を損ねます。あらゆる問題を画一的な規制や技術的な介入によって解決しようとする試みが、地域共同体の全構成員の積極的参加を必要とする、地域の問題の複雑さを看過させるに至ることがありうるのです。形を成しつつある新たな諸過程は、外部から持ち込まれる枠組みにいつもぴったりと当てはまるわけではなく、地域文化そのものをその基礎とする必要があります。生活と世界とは動的な現実であるゆえに、世界を大切にすることもまた、柔軟で動的でなければなりません。単なる技術的解決には、症状への対処はしても、伏在するより深刻な問題への対処はしないというリスクがあります。民族や文化の諸権利を尊重し、歴史的過程なくして社会集団の発展はありえないということを十分理解する必要があります。そうした歴史的過程は、文化的な文脈において進行するもので、地域住民に固有な文化の内部からの継続的で積極的な参加を要請します。生活の質という観念もまた、外部から強要されえないものです。生活の質は、人間集団それぞれに固有の象徴と習俗の世界の内部から理解されねばならないものだからです。

145　多くのかたちで表れる甚だしい環境の酷使と悪化は、地域共同体の暮らしを支える資源を使い尽くすだけでなく、長きにわたって、その文化的なアイデンティティを培い、生きることと、ともに暮らすことの意味へのセンスを育ててきた社会構造をも台なしにします。一文化の消失は、植物や動物の一生物種の消失と同様に深刻、否、より深刻でさえありえます。一単一の生産形態に結ばれた支配的ライフスタイルの強要は、生態系を改造することと同じように、有害でありうるのです。

146　このような意味で、先住民共同体とその文化的伝統への特別な気遣いを示すことが不可欠です。彼らは、単に数ある少数民族の中の一つであるばかりではなく、もっとも重要な対話相手でもあります。彼らの土地に影響を及ぼす大プロジェクトが提案されるときは、殊にそうです。彼らにとって、土地は商品ではなく、むしろ神からの、またその地に眠る先祖たちからの贈り物であり、自分たちのアイデンティティと価値あるものとを守り続けるために交流する必要のある聖なる空間です。彼らが自分たちの土地にとどまっているとき、その土地は彼ら自身の手によって最良のしかたで管理されます。それにもかかわらず、世界のあちこちで、自然や文化が傷つけられていることを気にもかけずに開始される農耕や採掘のプロジェクト用の土地を空けるために、彼らに故郷を捨てさせようとする圧力がかけられています。

Ⅲ　日常生活のエコロジー

147　真正な発展は、生活の質の全人的改善をもたらす取り組みを含んでおり、人々の生活条件を考慮することなしには不可能です。そうした生活条件はわたしたちの思考や感情や行動のあり方に影響を与えます。わたしたちは、自分の部屋で、自分の家で、自分の職場で、そして近隣地域で、そうした環境を用いて自らのアイデンティティを表しています。わたしたちはあらゆる努力を払って環境に順応しようとしますが、その環境が、乱雑な、無秩序な、あるいは、騒音と醜悪さに満ちたものであるときは、そうした過剰な刺激によって、充足感や幸福感を見いだすことが難しくなります。

148 周囲の有害な影響を和らげ、混沌と不安の中でも自分の生活を送るすべを身に着けることで環境上の制約に応じる人物や集団が示す、創造性と寛大さは感嘆すべきものです。たとえば、外見は廃屋同然の建物があるようなところで、人々は、家の内部をきれいに整えたり、あるいは、他者からの思いやりや親切に満足を見いだしたりしています。健全な社会生活は、一見望ましくない環境を輝かせることができます。時に、数々の難儀にもかかわらず貧しい人々が実践するヒューマン・エコロジーは、称賛すべきものです。親しく温かなかかわりが育つなら、共同体ができ上がるなら、連帯と帰属のネットワークに支えられていると感じる一人ひとりの内部で環境上の制約が埋め合わされるなら、人口密集居住区がもたらす息苦しさは反撃をくらうことになります。このようにして、どのような場所も、地上の地獄から尊厳ある生の舞台へと転じうるのです。

149 調和に欠け、オープンな場に乏しく、まとまる様子のない地区で経験される極度の貧困は、残忍な事件や犯罪組織による搾取を招く恐れがあります。巨大都市に隣接する不安定な地域で、過密状態と社会的無名性を日常的に味わうことは、反社会的行動や暴力の温床となる根扱《こ》ぎ感を醸成する可能性があります。それにもかかわらず、愛はつねにより大きな力強さを示す、とわたしはあえて申しましょう。こうした状況に置かれた多くの人々は、帰属感と一体感のきずなを縒《よ》り上げることができ、そうしたきずなが、過密状態をして、エゴの壁を取り壊し、自己本位のバリアを乗り越えさせる共同体体験へと転換させます。こうした地域社会での救いの体験が、しばしば、建物あるいは近隣地域の改善のための創造的な発想を生み出すのです(117)。

150　生活空間と人間行動がかかわり合っていることを踏まえると、建物や近隣地域、公共空間や都市を設計する人は、人々の思考過程や象徴言語や行動パターンの理解を助けてくれるさまざまな分野の学問を援用すべきです。デザインの美しさの探求だけでは不十分です。生活の質や環境への順応、出会いや相互扶助といった別種の美にささげる奉仕は、なおいっそう尊いものです。ここでも、そうした地区で暮らそうとする人々の所見をつねに考慮することが、都市計画において、どれほど重要かが分かります。

151　わたしたちを包み込み結びつけてくれる都市の中にあって、帰属感や根づき感や「我が家」感を強めてくれる公共空間やランドマークや都市景観を守ることも、また必要です。都市の中の相異なる部分がうまくまとまっていること、そして、住人たちが、一地域に閉じ込められて、より大きな広がりをもつ都市を他者と共有している空間だと思えずにいることがなく一体感を有していること、それが重要なのです。都会や地方の景観に影響を及ぼす介入にあっては、自分たちの生活との整合性があり意義ある枠組みだと住民たちが感じ取るよう、いかにさまざまな要素の結びつきによって一つの全体を形づくれるかを考慮すべきです。そうすれば、他者は、もはや余所者《よそ》とみなされることなく、わたしたち皆が貢献して造り出す「われわれ」の一部とみなされるでしょう。同じ理由で、人的介入によってもたらされる不断の変化から守り保つことのできるいくつかの場所を確保しておくことは、都会においても地方においても有益です。

152 大抵、国家予算による費用負担はほんの一部でしかないため、地方でも大都市でも、世界中の多くの場所で、住居の不足が深刻な問題となっています。貧しい人々ばかりでなく、そうでない多くの社会構成員にとっても、家を所有することが困難になっています。家をもつことは人としての尊厳や家族の成長に大いに関係しています。これは、ヒューマン・エコロジーにとって、主要な問題の一つです。急場しのぎのスラム街が登場してきたいくつかの場所においては、その住民の追放や強制立ち退きではなく、むしろそうした近隣地域の開発をまず第一に行わねばなりません。貧しい人々が、不衛生なスラムや危険な集合住宅で暮らしているとき、「このような人々を移住させる必要がある場合には、苦しみの上に苦しみを積み重ねないように、提供される適切な家屋の選択についてあらかじめ十分な情報が必要です。当事者たちはこのプロセスに参画しなければなりません[118]」。それと同時に、さびれた地域を居心地のよい都市へと組み上げていく中で、創造性が示されるべきです。「非難されるべき不信を乗り越え、違いを受け入れ、それを新たなる発展の要因としている都市とは、なんと美しいものでしょうか。その建築の意匠においてさえ、他者とのつながりや相互の関係や他者を喜んで認めることに配慮した空間が豊富な都市は、実に美しいのです[119]」。

153　都市における生活の質は、利用者にとってしばしばひどい苦痛の種となる交通システムと大いに関係しています。一人もしくは数人で使用される大量の車両が、交通渋滞を引き起こし、汚染レベルを上昇させ、膨大な量の非再生可能エネルギーを消費しながら、都市中を走り回っています。それによって、道路や駐車場の増設が必要になり、都市景観が損なわれます。公共交通機関を優先する必要性に関して、多くの専門家の意見は一致しています。しかし、多くの都市で、混んでいて、使いづらく、便数不足で、安全性に欠けているために、非人間的な条件への忍耐を強いる交通システムそのものに実質的な改善策が施されないならば、必要とされるいくつかの措置は、社会からすんなりとは受容されないことが露わになるでしょう。

154　人間としての尊厳を尊重することと、耐え忍ばねばならない都市生活における混沌とした現実とは、しばしば齟齬《そご》を来します。しかし、それを理由に、見捨てられ、無視されている地方住民の存在を見過ごしてはなりません。そうした人々は、必要不可欠なサービスを十分に利用できず、また、そうした地方には、より尊厳ある生活への諸権利がなく、あるいはそれへの希望すらもなく、隷属状態におとしめられている労働者たちがいるのです。

155　ヒューマン・エコロジーは、もう一つの深遠な現実をも含意しています。すなわち、人間の自然本性に刻まれていて、より尊厳ある環境の創造のために欠かすことのできない道徳法と、人間の生とのかかわりです。教皇ベネディクト十六世は、「人間にもまた、尊重すべき自然本性、ほしいままに操ることのできない自然本性がある」(120)という事実に基づいて、

「人間のエコロジー」について語りました。これに関してわたしたちが認めるべきことは、わたしたちは、自分たちの身体そのものによって、環境との、また他の生き物たちとの、直接のかかわりの中に置かれているということです。わたしたちの身体を神からの贈り物として受け入れることは、全世界を、御父からの贈り物として、また、わたしたち皆がともに暮らす家として、迎え入れまた受け取るためにきわめて重要なことです。これに反して、自分の身体に対して絶対権力を有していると思いなすことは、被造界に対して絶対権力を有していると思いなすことへと、しばしば巧みに変化するのです。自分の身体を受け入れ、大切にし、その十全な意味の尊重を学ぶことは、真のヒューマン・エコロジーに不可欠の要素です。また、他者との出会いを通して自分自身を確認できるようになるには、自分の身体をその女性性あるいは男性性において尊ぶことが必要です。こうしてわたしたちは、創造主なる神の作品である、自分とは別の、一人の男性あるいは一人の女性に備わる特徴的なたまものを喜んで受け入れ、互いの価値を高め合うようになります。したがって、「もはや性差との向き合い方が分からないという理由で、それを却下し[121]」ようとするのは、健全な態度ではありません。

Ⅳ　共通善の原理

156　総合的《インテグラル》なエコロジーは、社会倫理を統一する中心原理である共通善の概念と不可分なものです。共通善とは、「集団と個々の成員とが、より豊かに、より容易に自己完成を達成できるような社会生活の諸条件の総体(122)」のことです。

157　全人的な発展に向けて譲渡不可能な基本的諸権利を賦与された人格として人間を尊重することが、共通善の原理の前提です。それはまた、補完性の原理を適用し、社会の福利全般や種々の中間集団の発展と結びついてもいます。これら中間集団の中で傑出した存在であるのが、社会の基本細胞たる家族です。つまるところ、共通善の要求は、社会的な平和、何らかの秩序がもたらす安定や安心であり、それらの達成は、配分的正義への格別の配慮なくしてはできません。配分的正義が損なわれるときはいつも、暴力がその後にやってきます。一つの全体としての社会、なかでも国家は、共通善を保護し促進する義務を負っています。

158　不正が横行し、基本的人権を剝奪され消耗品とみなされている人の数が増えつつあるグローバル社会の現況において、共通善の原理はすぐさま、論理的かつ不可避的に、連帯と、もっとも貧しい兄弟姉妹のための優先的選択とを求める訴えとなります。共通善からくる貧しい人々のための優先的選択は、地上の財貨は万人のためにあるという原理との密接なつながりを認めるものですが、使徒的勧告『福音の喜び』の中で申し上げたように、信仰者としてのもっとも深い確信に照らして、貧しい人々のはかりしれない尊厳の真価を他の何にも先んじて認めるよう要求します[123]。今日、この選択が共通善の実効ある達成のために不可欠な倫理的要請であるという理解に達するには、自分たちの周りを見渡すことで十分です。

V　世代間正義

159　共通善の概念は、将来世代をも広く視野に収めるものです。後続世代も逃れえない共通の運命を度外視することがどれほど有害な結果をもたらすかを、わたしたちは、世界的経済危機によって痛感させられています。もはや、世代間の連帯から離れて持続可能な発展を語ることはできません。将来世代に残しつつある世界がどのようなものかをひとたび考え始めれば、わたしたちは物事を違ったふうに眺め、この世界が無償で与えられ、他者と分かち合うべき贈り物であることに気づきます。この世界は与えられたものであるゆえに、効率性と生産性をただただ個人の利益のために調整する単なる功利的視点で現実を眺めることは、もはやわたしたちにはできません。わたしたちがいただいたこの世界は後続世代にも属するもののゆえに、世代間の連帯は、任意の選択ではなく、むしろ正義の根本問題なのです。ポルトガルの司教団は、こうした正義の義務を認めるよう訴えました。「環境は、授かりものの論理に属しているのです。環境は、あらゆる世代に貸しつけられているのであって、いずれ次世代へと手渡さねばなりません」(124)。総合的《インテグラル》なエコロジーは、こうしたより広範な展望を特徴としています。

160　わたしたちは、後続する世代の人々に、今成長しつつある子どもたちに、どのような世界を残そうとするのでしょうか。こうした問いは、環境を他のことがらから分離して問題にするのではもちろんなく、環境にかかわる諸問題はそれぞれ別個には取り扱いえないものなのです。どのような世界を後世に残したいかと自問するとき、わたしたちはまず、その世界がどちらに向かい、どのような意味を帯び、どんな価値があるものなのかを考えます。エコロジーへの関心をわたしたちが抱いていても、そうしたより深い問題との格闘がなければ、大した実りは期待できないであろうと、わたしは確信しています。しかし、こうした問題と勇敢に向き合うならば、他の重大な問いを避けて通ることはできません。それは、この世界でわたしたちは何のために生きるのか、わたしたちはなぜここにいるのか、わたしたちの働きとあらゆる取り組みの目標はいかなるものか、わたしたちは地球から何を望まれているのか、といった問いです。ですから、もはや、将来世代のことを考慮すべきだと言明するだけでは足りません。わたしたち自身の尊厳こそが危機にさらされていると理解する必要があります。生息可能な惑星を将来世代に残すことは、何よりもまず、わたしたちにかかっているのです。こうした問題は、わたしたちの地上での滞在の究極的意味と関係するため、わたしたちに劇的な影響を及ぼすものなのです。

161　滅亡の予告は、もはや皮肉や軽蔑をもってやり過ごせるものではありません。実際わたしたちは、将来世代に瓦礫《がれき》と荒廃と汚物を残しつつあります。消費と廃棄、そして環境変化の進行速度が、地球の許容量を超えようとしており、現代のライフスタイルは持続不可能なもので、今でさえ世界のあちこちで周期的に生じている破局を早めるばかりなのです。今ここでの断固たる行為だけが、現今の不均衡がもたらす悪影響を減らすことができるのです。悲惨な帰結を耐え忍ばねばならないであろう人々の前で果たすべき説明責任について、わたしたちは省みる必要があります。

162　こうした挑戦を真剣に取り上げる際の困難さは、環境悪化に伴ってきた倫理的そして文化的な退廃と大いに関係しています。ポストモダンの世界にいるわたしたちは、奔放な個人主義のリスクを冒しており、多くの社会問題は、刹那的な満足感を追求する現今の自己中心的な文化と結ばれています。こうしたことは、家族と社会的きずなの危機、また他者を認めようとしないことの中にうかがえます。親たちは衝動的で浪費的な消費に走りやすく、子どもたちはその影響を被って、家をもち家庭を作ることをますます難しく思うようになります。さらに、将来世代のことを真剣に考えられない無能さは、自分たちの関心の地平を広げることができず、発展から排除されたままの人々を顧慮することができない無能さにつながります。未来の困窮者ばかりでなく、現在の貧しい人々のことも心に留めましょう。地上の生は短く、待ち続けることなどできないからです。それゆえ、「世代間の公平な連帯意識に加えて、世代内の新たな連帯意識も道徳的な意味で緊急に必要とされ[125]」るのです。

第五章　方向転換の指針と行動の概要

163　ここまでわたしは、わたしたちが住まう星である地球のひび割れと、深く人間に由来する環境悪化の原因を指摘しながら、人類の現状の把握を試みてきました。こうした現実の熟視それ自体が、すでに何らかの方向転換と、これまでとは違った行動方針の必要性を示していますが、ここからは、現在わたしたちが陥っている自滅の悪循環を回避する助けとなりうる対話のおもな道筋を概観してみましょう。

Ⅰ　国際社会における環境に関する対話

164　前世紀半ばから、地球は故郷であり、人類はともに暮らす家に住む一つの民であるという確信が、幾多の困難を乗り越えながら広がってきました。相互依存関係にある世界は、特定のライフスタイルや生産・消費モデルがわたしたち皆に及ぼす負の影響についてさらに意識化させてくれますが、それればかりではありません。より重要なことは、単に数か国の利益を守るのではなく、世界的な視野に立つ解決策の提案がなされるよう、わたしたちを促してくれるということです。相互依存関係は、一つの計画を共有する一つの世界を思い描くことをわたしたちに義務づけます。しかし、科学技術的な飛躍的進歩をもたらしてきたのと同じ才能は、今のところ、全世界に及ぶ環境と社会の深刻な諸問題を扱う有効な方途を見いだせていないということが明らかになっています。一部の国からの一面的な行動では解決不可能な、より深い問題に立ち向かうには、世界規模の合意が不可欠です。そのような合意が、たとえば、持続可能で多様な農業の立案、再生可能で汚染性の低いエネルギー形態の開発、エネルギーのより効率的な利用の推進、海洋資源や森林資源のよりよい管理の促進、飲み水の入手の万人への保障につながるのです。

165　汚染性の高い化石燃料——とくに石炭、さらに石油、そして比較的低いとはいえガス——の使用を前提としたテクノロジーは、遅滞なく着実に置き換えられる必要があるとわたしたちは知っています。再生可能エネルギー源を広く利用可能にするための開発がさらに大きな進歩を見るまでは、二つの悪弊のうち軽いほうを選ぶことや、一時的解決法に頼るのはもっともなことです。しかし、国際社会はいまだ、こうしたエネルギー転換の費用負担の責任に関する十分な合意には達していません。ここ数十年、環境問題は、かなりの公の論議を引き起こし、市民の熱心で豊かな種々の応答を呼び起こしてきました。政治やビジネスの反応は、わたしたちの世界が直面している課題の緊急性に見合うほど迅速なものではありませんでした。産業革命後の時代は、歴史上もっとも無責任な時代として記憶されて当然でしょうが、それでもなお二十一世紀初頭の人類は、重大な責任を十分担ったことで記憶に残るであろうと希望しうる理由があるのです。

166　市民社会の多くの組織の取り組みのかいあって、エコロジー運動が世界中で大きな発展を遂げてきました。ここでは、そのすべてに言及することやその貢献の歴史を振り返ることはできません。ともかく、そうした取り組みのおかげで、環境問題に関する問いは、公的な行動計画の中に頻繁に見られるようになり、さらに将来を見据えたアプローチを鼓舞してきました。こうしたことにもかかわらず、近年の世界環境サミットは、政治的な意志が不十分で、環境に関して真に有意義で有効な世界規模での合意に達することができなかったため、期待に沿うものではありませんでした。

167　一九九二年にリオデジャネイロで開催された地球サミットは、特筆に値します。「人類は、持続可能な開発への関心の中心にある」[126]と言明したのです。一九七二年のストックホルム宣言に呼応するかたちで、地球全体を一つの生態系として大切にする国際協力、汚染者の費用負担義務、そして規定の事業計画や活動の環境影響評価《アセスメント》の義務が、正式に表明されました。地球温暖化の流れを覆す努力として、大気中の温室効果ガス濃度の削減目標が設定されました。また、実行すべき行動計画と生物多様性条約が作成され、森林原則声明が公表されました。サミットは前進の真の一歩であり、当時としては預言的であったものの、その国際協定には、監視や定期的な評価、そして不履行時の制裁に適した仕組みが欠如していたため、不十分にしか実施されませんでした。サミットが宣言した諸原則は、いまだ実際的実施のための能率的で柔軟な方法を見いだせずにいます。

168 この点での肯定的な経験として、たとえば、報告義務、規制基準、統制管理といった仕組みを伴っている、有害廃棄物に関するバーゼル条約を挙げてもいいでしょう。また、法令遵守の実効性を検証するための現場視察を含み拘束力のある、絶滅のおそれのある野生動植物の種の国際取引に関する条約も存在します。オゾン層破壊の問題は、オゾン層保護のためのウィーン条約と、モントリオール議定書や関連改正法による同条約の施行のおかげで、解決の局面に入ったようです。

169 生物多様性の保護および砂漠化関連問題に関しては、有意義な進展があったとは到底いえません。気候変動に関する前進は、残念ながらほんのわずかでした。温室効果ガスの削減については、どこよりもまずは、最大汚染源である列強国の側に、公明正大さと勇気と責任感が求められます。国連持続可能な開発会議、いわゆる「リオ＋20」（二〇一二年、リオデジャネイロ開催）が公表した成果文書は、多岐にわたってはいるものの、効力のないものでした。国際交渉は、地球規模の共通善よりも自分たちの国益を優先する国々がとった立場ゆえに、有意義な進展が見られてはいません。わたしたちが覆い隠そうとしていることとの結果によって苦しまなければならないであろう人々は、こうした良心と責任感の欠如を忘れはしないでしょう。この回勅の準備中、討論はとくに激化しました。わたしたちが分別なく先延ばしにした結果、将来世代が苦しむようなことにならないよう、わたしたち信仰者は、現今の討議によって建設的な成果が得られるよう、神に願わずにはいられません。

170　汚染ガス排出量削減に向けた諸対策は、環境コストの国際標準化を求めますが、それは、高度に工業化された国並みの排出量削減を、余力のない国に重い義務として課すという危険を冒すことになります。そのような方策の押しつけは、もっとも発展を要する国々を不利な状態に陥れます。さらなる不正義が、環境保護に見せかけて犯されるのです。ここでもまた、結局、貧しい人々が代償を払わせられるのです。さらにまた、気候変動の影響が感じられるまでには長い時間がかかるので、たとえ厳しい措置を今とるとしても、余力のない国は、すでに生じてしまった、自国の経済への打撃となる影響に適応するための支援を必要とするでしょう。こうしたことから、共通でしかも差異ある責任が必要とされるのです。ボリビアの司教団が述べたように、「膨大な温室効果ガス排出という代価を払って高度な工業化による利益を得た国々には、自分たちが引き起こした問題への解決策を提供するいっそう大きな責任があります(127)」。

171 「カーボン・クレジット（炭素排出権）」取引戦略は、世界全体の汚染ガス排出量削減の助けにはならない新たな投機となる可能性があります。この仕組みは、環境への確実な関与と称して迅速かつ容易な解決策を提供するように見えますが、現在の状況が必要とするほどの徹底した変革はまったく見込めません。むしろそれは、いくつかの国や分野の、過度の消費を放置しておくための策略になるだけかもしれないのです。

172 貧しい国にとっての最重要課題は、極度の貧困の撲滅と自国民の社会的発展の推進でなければなりません。同時に、そうした国は、自国民の中の特権階層の恥ずべき消費量を認識し、また、全力で腐敗と闘う必要があります。そうした国は、同様にまた、より汚染性の低いエネルギー生産形態を開発しなければなりませんが、そのためには、進行中の地球汚染という代価を払って大きな成長を遂げた国の援助を必要とします。豊富な太陽光エネルギーを利用するには、発展途上国が技術移転や技術支援や財源を得られるようにするメカニズムの構築や助成金制度の設立が必要ですが、「社会基盤が、それが立案された背景に適合しているかどうか、適切に評価されるとは限らない[128]」のですから、それらの設立にあたっては、当該国の具体的状況を配慮しなければなりません。こうしたコストは、気候変動のリスクに比べれば安価なものでしょう。いずれにしても、これらは、諸民族の連帯に根ざす、第一に下すべき倫理的な決定なのです。

173　一国の政府はいつも効果的介入ができるとは限らないので、法的強制力のある国際協定が切に求められます。国家間の関係は、互いの主権を重んじるものでなければなりませんが、結局はすべての人に波及するであろう広域災害を回避するための、相互同意に基づく手段を定めるものでもなければなりません。たとえば、力のある企業や国が他の国々に汚染廃棄物や汚染度の高い事業を押しつける場合に、義務を課し、容認できない行動を阻止するための世界的な規制基準が必要とされます。

174　海洋管理システムにも言及しておきましょう。国際条約や地域協定は存在しますが、細分化された適応と、規制・取り締まり・処罰の厳格なメカニズムの欠如とが、そうした努力を台なしにすることになります。悪化しつつある海洋廃棄物問題と公海保護は、特別な課題を象徴しています。実際、必要とされているものは、いわゆる「地球共有財《グローバル・コモンズ》」全領域にわたる管理システムに関する合意なのです。

175　地球温暖化の流れを食い止めるという根本的な決定を下すことを阻む考え方は、同時にまた、貧困撲滅という目標の達成をも阻みます。汚染低減の問題と、貧しい国や地域の開発問題、これら双方を扱うには、もっとしっかりと責任を果たす世界的な対応が必要とされています。二十一世紀は、過去から受け継いだ管理システムを維持する一方で、国民国家の勢いの衰退を目撃しており、それはおもに、経済と金融の分野が多国籍化することで、政治の分野よりも優先されがちだからです。こうした状況下では、国際機関を、各国政府間の合意によって公正に任命され、制裁を課す権限を付与された職員を有する、より強力で能率よく組織化されたものにする工夫が欠かせません。ベネディクト十六世が教会の社会的な教えの一環として断言したとおり、「グローバル経済の管理、危機に見舞われた経済の再生、現在の危機のさらなる悪化とそこから生じるいっそうの不均衡の回避、全体的かつ時宜にかなった軍縮、食糧安全保障と平和の確立、環境保護の保障、そして移民の法的管理、これらすべてには、先任者福者ヨハネ二十三世が何年も前に指摘したように、真の世界規模の政治的権威が緊急に必要です」(129)。わたしたち皆に影響を及ぼす深刻な問題を見越した国際戦略の展開という仕事において、外交もまた新たな重要性を帯びています。

Ⅱ　新たな国内政策と新たな地域政策のための対話

176　勝者と敗者は、国と国との間ばかりでなく、貧しい国そのものの内部にも存在します。それゆえ、差異ある責任をはっきりさせることが必要です。環境や経済開発に関連した課題は、もはや国家間の相違という観点でのみ取り組まれるものではなく、国レベルや地方レベルの政策にいっそう注視するよう促しもします。

177　人間の能力の濫用が現実にありうるという事実に鑑みれば、もはや各国家が自国境界内での計画・調整・監視・実施の責任を無視してよいはずはありません。技術革新を絶え間なく推し進めつつある中で、社会はどのような計画を立て、またどのようにその未来を保護しうるのでしょうか。監視と調整についての権威あるよりどころの一つは、共通善に照らして許容しうる管理運営のための規則を定める法律です。健全で成熟した自治社会は、将来への展望と安全保障、規制基準、適時の実施、腐敗の根絶、生産工程の望ましからざる副作用への効果的な対応、そして潜在リスクや不確定リスクが伴うところでの適切な介入、これらにかかわる制限を課すはずです。企業活動による汚染の削減を命じる判例が増えつつあります。しかし、政治的で制度化された枠組みは、単に悪い慣例を避けるためだけでなく、最善の行いを促進し、新たな解決策を探る創造性を刺激し、個人やグループの先導的な試みを奨励するためにも存在するのです。

178　即時効果に気をもむ政治は、消費者層に支持され、短期的な成長を生み出すことに駆り立てられます。有権者の利害関心にこたえようと、政府は、消費水準に影響を及ぼしたり、対外投資にリスクを引き起こしたりする可能性のある措置によって市民を動揺させることには後向きです。権力者たちは近視眼的で、将来を慮《おもんぱか》る環境行動計画を政府の実行計画の一つに加えることを先延ばしにします。このようにわたしたちは、「時は空間に勝る」[130]こと、権力の座にしがみつくよりもむしろ歩みを進めるほうがつねに効果的だということを忘れます。困難に際して、わたしたちが気高い原則を掲げ、長期的な共通善を思い描くとき、真の政治的手腕が明らかになります。政治権力者たちは、国造りの仕事におけるこうした義務を引き受けることをとてもつらいことだと思うのです。

179　いくつかの場所で展開している再生可能エネルギー源の開発共同組合は、エネルギーの地産地消を確立し、余剰エネルギーの販売さえも可能にしています。これは、既存の世界秩序がその責任遂行能力のなさを露呈する一方で、地域の個人や集団は実質的変化をもたらすことができるということを示す端的な例です。彼らは、より重い責任感、強い連帯感、他者を守る気構え、豊かな創造性、そして深い郷土愛を植えつけることができます。彼らはまた、自分たちがいずれは子孫に残すはずのものを案じてもいます。こうした価値観は先住民族の中に深く根づいているものです。腐敗のために法律が十分に執行されない場合があるので、決定的な政治行動を起こさせるには、世論による圧力が発揮されなければなりません。社会は、ＮＧＯや中間集団を通して政府に圧力をかけ、規制や手続きや取り締まりをもっと厳格なものにしていかなければなりません。市民による――国家や州や市町村の――政治権力の制御がなければ、環境に加えられる損傷を制御することはできません。隣接する地域社会の間で、同一の環境政策を支持する合意があるなら、自治体の条例もまたいっそうの効力を発揮することができるでしょう。

180　各国あるいは各地域にはそれぞれ固有の問題や限界があるので、同一の対処法はありません。それに付随する拘束力ある取り決めが漸進的に作り上げられ、なおかつその受け入れも漸進的であるのであれば、政治的な現実主義が暫定的な措置や過渡的な技術を求めてもよいのもまた事実です。同時に、省エネ推進のような、国家レベルと地域レベルとでなされねばならないことが、まだたくさんあります。そこには、最高のエネルギー効率で原材料の使用も少なくて済む工業生産形態への志向、エネルギー効率の低い、あるいは環境を汚染しやすい商品からの脱却、輸送システムの改善、エネルギー消費の削減や汚染レベルの低下を目指す建造物の建設や改修の奨励が含まれるでしょう。地域レベルの政治活動を、消費の見直し、経済的な廃棄物処理とリサイクルの展開、特定種の保護、多角的農業と輪作の計画立案、これらを目指すものにすることもできるでしょう。地方の社会基盤への、地域あるいは国の市場のよりよい組織作りへの、灌漑《かんがい》システムへの、そして持続可能な農業のための技術開発への投資によって、貧しい地域での農業の改善が可能となります。小規模生産者の利益を擁護し、地域の生態系を破壊から守ってくれる、協力体制やコミュニティ作りを助成することもできます。本当に、多くのことができるのです。

181　気候変動と環境保護に関する政策は政権交代のたびに変更できるものではないのですから、継続性が必要不可欠なのです。成果を出すには時間がかかり、また一政権の任期内では目に見える効果につながらないかもしれない当面の支出が必要とされます。それゆえ、世論や市民団体からの圧力がなければ、対処すべき緊急の必要があるときはなおのこと、政府当局はつねに介入することに及び腰でしょう。現今の経済と政治における能率主義者と「即時主義者」の論理にこたえるのではなく、政治家がこうした責任をそれに伴うコストごと引き受けることを恐れずにできるのであれば、神が、人間としてその人にお与えになった尊厳をあらためて認めることになり、それは、後世に対する私心なき責任のあかしとなるでしょう。制度を改革・調整し、最良の実践を推進し、不当な圧力や官僚的ななれあいを克服できる健全な政治が、せつに求められています。しかしながら、そこに高潔で寛容な道筋を各社会に示すことのできる、優れた目標、価値観、あるいは真正で深みのあるヒューマニズムがなければ、たとえ最良の仕組みがあっても役に立たないだろうと言い添えておかねばなりません。

Ⅲ　意思決定における対話と透明性

182　新規の事業やプロジェクトの環境影響評価《アセスメント》には、自由な意見交換を伴う透明な政治的手順が必要です。他方、すでに着工が予定されている計画による実際の環境影響を隠蔽する腐敗は、便宜を図る見返りに、適切な情報提供や十分な討論をさせない、見せかけの合意を演出することが多々あります。

183　環境影響評価《アセスメント》が、事業計画あるいは個々の方針、構想、企画が策定されてから実施されることがあってはなりません。それは最初からプロセスの一部でなければならず、学際的で、透明で、いかなる経済的あるいは政治的な圧力からも自由な状況で実行されねばなりません。それは、労働条件についての、また人々の心身の健康や地域経済や治安に及びうる影響についての調査と連携していなければなりません。こうして、予想されうるシナリオと、起こりうる好ましくない影響の是正に結局必要となる追加の資金投入とが考慮され、より現実的な経済収益予測が可能となります。さまざまな取り組みや解決策や代替案を提供しうる多様な利害関係者の間に、つねに意見の一致を見なければなりません。話し合いの席では、地域住民が特別の位置を占めなければなりません。それは、彼らが、彼ら自身の未来とその子どもたちの将来を案じ、即時的な経済利益以上の目標を考慮することができるからです。すべての利害関係者の熟考と議論の結果としての施策にかなう環境保全を、「介入」とみなすのはやめなければなりません。利害関係者の参加にあたっては、すべての参加者に対して、多様な側面、さまざまなリスクや可能性についての完全な情報提供が必要です。それは、当初の計画策定時に限られることなく、追跡調査や継続的なモニタリングにおいてもいえることです。科学的または政治的な討議においては、誠実さと真実さとが必要とされます。それは、合法か否かを判断する際だけに限ったことではありません。

184　生じうる環境リスクが現在や将来の共通善に及ぶであろうことを思えば、「さまざまな可能な選択肢の決定が、予測される危険と利益の比較に基づくもの[131]」でなければなりません。

このことは、天然資源の利用拡大、排出・放出量の増幅、廃棄物の増加、景観や指定保護種の生息域や公共空間の著しい改変につながるおそれのある場合、取り立てていえることです。事業計画は、調査が不十分であれば、予測できない騒音公害、眺望の遮断、文化的諸価値の消失、原子力エネルギー使用の影響のような、実にさまざまな要因によって、ある区域の生活の質に深く影響することがありえます。目先の利益と私的な利害関心を優先する消費主義文化は、安易な認可や情報の隠蔽《いんぺい》を容易にする可能性があります。

185　新規事業に関するいかなる討議においても、それが本当に十全な発展をもたらすものであるかどうかを見極めるために、いくつもの質問をすべきです。どんな目的があるのか、なぜ、どこで、いつ、どのように、だれのために、それを遂行するのか、どのようなリスクを抱え、どれほどのコストを必要とするのか、だれがそのコストを、どのような方法で支払うのか――。こうした見極めには、優先順位の高い問いがいくつか存在します。たとえば、水は、なくてはならない稀少資源であり、他の人権の行使の前提となる基本的権利であるということを、わたしたちは知っています。議論の余地のないこの事実は、一つの地域におけるいかなる環境影響評価《アセスメント》にも優りります。

186　一九九二年に採択されたリオ宣言は、「深刻な、あるいは不可逆的な被害のおそれがある場合には、完全な科学的確実性の欠如が、環境悪化を防止するための費用対効果の大きい対策を延期する理由として使われてはならない(132)」と述べています。この予防原則は、もっとも弱い立場にあり、自分たちの利益を守り通す能力と、また確たる証拠を収集する能力とが限られている人々の保護を可能にします。客観的情報が、深刻で取り返しのつかない損傷の生じる可能性を示唆するなら、決定的な証拠がなくとも、プロジェクトは中止、あるいは修正されるべきです。そうしたケースでは、活動案が環境への、あるいは地域住民への深刻な害を引き起こしはしないことを示す、客観的で得心のいく明白な証拠が公開されねばならないのですから、ここでは立証責任の立場が実際に逆転するのです。

187　これは、生活の質に改善をもたらしうるどのような技術革新にも反対する、という意味ではありません。そうではなく、利益は、考慮すべき唯一の基準にはなりえないということ、また、重要な新しい情報が明るみに出たときは、全関係者参加のもとで、再評価が実施されるべきであるということです。結論は、既定の事業計画に着手しない、あるいはそれを修正するか、代替案を考えるという決定になるかもしれないのです。

188　広く意見の一致を見ることは難しい環境問題が確かに存在します。ここでわたしが繰り返し申し述べたいのは、教会は、科学的な問題を解決したり、政治家の代わりを務めたりすることが自分の任務であると思い込んではいない、ということです。わたしはただ、個々の利害関心やイデオロギーによって共通善が損なわれないようにするための、正直で公明正大な討論を奨励しようと気をもんでいるのです。

Ⅳ　人類の幸福に向けた対話における政治と経済

189　政治は経済に服従してはならず、経済は効率主導の技術主義《テクノクラティック》パラダイムに身をゆだねてはなりません。今日、共通善に鑑みれば、政治学と経済学が、いのち、とくに人間の生に資する率直な対話に参加することが緊急に必要とされています。公金で代償を支払い、システム全体の見直しや改革を明確に約束することを見送って、費用をいとわず銀行を救済することは、緩慢でコスト高な見かけだけの回復の後に、再び新たな危機を引き起こすだけの未来なき金融システムの絶対的支配を、再度肯定するにすぎません。二〇〇七年から二〇〇八年にかけての金融危機は、倫理原則にもっと注意を払う新たな経済を、そして投機的な金融慣行や仮想的な富を規制する新たな手法を、発展させる機会を提供してくれました。しかし、そうした危機への反応には、世界を支配し続ける時代後れの基準の再考は含まれてはいませんでした。生産というものは、つねに合理的であるとは限らず、製品にその真価とは必ずしも合致しない価格を割り当てる経済変数と結ばれているのが普通です。それによって相当の商品が過剰生産となり、必然とはいえない環境への影響と地域経済への悪影響をもたらします[133]。金融バブルは生産バブルとなりがちです。生産活動の多様化と改善を可能にし、企業が良好に機能するのを助け、中小企業の発展と雇用創出とを可能にするのはまさに実体経済なのですが、やはり実体経済の問題は法的効力をもって対処されてはいません。

190　ここでもまた、「環境保護は、損得計算を基礎にするだけでは保障されない。環境は市場の力で十分に保護したり、促進したりすることのできない財の一つ[134]」だということをつねに心に留めおかねばなりません。わたしたちは今一度、企業や個人の利益の増大だけで問題が解決できるとほのめかす市場の妄信を拒絶しなければなりません。利益の最大化に取りつかれている人々が、将来世代に自分たちが残すであろう環境の損傷について、立ち止まって反省するであろうとの希望をもつのは現実的でしょうか。利益だけが価値あるものとされるところでは、自然のリズムや自然の衰亡と再生の諸局面について、あるいは、人的介入によってひどく攪乱《かくらん》されるかもしれない生態系の複雑さについて考えることなどありえません。さらには、物事の真価、人や文化にとっての資源の重要性、あるいは、貧しい人々の不安や必要について真剣に考えなければ、生物多様性は、せいぜい利己的に利用するための経済資源の保管所とみなされるにとどまります。

191　こうした問題が持ち上がるところでは必ず、道理もわきまえずに進歩と人類の発展を阻もうとしていると、他人を非難する人がいます。しかしわたしたちは、生産と消費のペースの減速は、時に別様の進歩と発展をもたらしうるとの確信を育てなければなりません。天然資源の持続可能な使用を促進する取り組みは、無駄な出費ではなく、むしろ、中期的に別のかたちの経済的恩恵をもたらしうる投資です。より広い視野で眺めれば理解できるのですが、多様化の進んだ革新的な、環境負荷のより低い生産形態は、高利益につながるかもしれないのです。それは、人間の創造性や進歩の理想を抑え込むことなく、むしろそうした力を新たな道筋に沿って方向づける多様な可能性へと開かれるか否かという問題なのです。

192　たとえば、より創造的でより適切に方向づけられた生産活動の発展の道は、消費のための過度の技術投資と、人類家族の前に立ちはだかる喫緊の諸問題解決のための投資の不十分さとの間にある、現今の格差を正すことができました。それは、再利用し、修繕し、再生利用する、合理的で収益性の高い方法を生み出すことができ、また、都市のエネルギー効率を改善することもできました。生産活動の多様化は、環境保護とさらなる雇用創出とを同時になしつつ、創造と革新の才をあふれんばかりの可能性で満たします。そうした創造性は、わたしたち人間のもっとも高貴な特質の価値ある表現でありましょう。わたしたちは、より広義の生活の質というコンテクストで見た持続可能で公平な発展の促進に向けて、知性と勇気と責任をもって奮闘しようとしているからです。逆に、新たな消費財の開発と手っ取り早い利益の獲得だけを目指して、自然からの新たな略奪法を考案し続けるのは、価値や創造性に劣り、実に浅はかなことです。

193　いずれにしても、持続可能な発展が新たな成長を引き起こす場合や、数十年にわたって生み出された貪欲で無責任な成長を踏まえれば、理にかなった何らかの制限を設け、また手後れになる前に歩んできた道を再検討してでも、成長抑制を考えることも必要です。いまだ人間の尊厳に値する暮らしができない人々がいる中で、消費と破壊を常とする人々の振る舞いは持続不可能であると、わたしたちは知っています。それゆえ、別の場所の健全な成長のための資源を供給するべく、世界の一部で成長率逓減《ていげん》を受け入れるべき時がやってきたのです。ベネディクト十六世は、「技術先進社会が、より節度のあるライフスタイルを推進する準備を行う一方で、自らのエネルギー消費を削減し、エネルギー効率を高めなければならない[135]」と語っています。

194　新しい進歩モデルの登場には、「グローバルな発展モデル[136]」の変革が必要であり、それには、「経済の機能不全と濫用の是正を視野に入れながら、経済の意味と目的[137]」について責任ある反省をすることが不可欠です。経済的利益と自然保護との、進歩と環境保全とのバランスを取ることでは不十分です。中途半端な対策は、不可避の惨事を遅らせるだけです。端的にいってそれは、進歩に対するわたしたちの考えを定義し直すということなのです。その後には、よりよい世界と全人的なより高い生活の質とを残すことのないテクノロジーや経済の発展は、進歩とはみなせません。事実、経済成長のただ中にあって、環境の悪化や食品の品質低下や資源の枯渇により、現実にはしばしば人々の生活の質が落ちています。このような文脈において、持続可能な成長の話は通常、ごまかしや言い訳の手段になります。エコロジー関連の言語や価値が金融や技術主義《テクノクラシー》の範疇へと吸収され、しばしば企業の社会的かつ環境的な責任が、一連のマーケティング戦略やイメージ戦略へと矮小化《わいしょう》されるのです。

195　他の配慮すべきことがらから切り離されがちの利益最大化の原則は、経済の概念そのものに対する誤解を反映しています。生産が増大してさえいれば、それが未来の資源や健やかな環境を犠牲にしていることには、少ししか関心が向けられません。森林伐採が生産を増大させているならば、土地の砂漠化や生物多様性の損傷や汚染の増大に伴う損失を計算する人はいません。一言でいうと、ビジネスは、関連コストのほんの一部だけを計算して支払うことによって利益を得るのです。しかし、「共通の環境資源を消費することの経済的および社会的代価が透明性をもって認識され、他の民族や未来の世代ではなく、代価を生じさせる者に完全にそれを負担させる(138)」場合にのみ、利益を得ることは倫理的であるとみなされうるのです。市場によるものであれ、国家計画によるものであれ、資源の分配にあたっては、当座の必要のための静態的な現状分析にすぎない詭弁が介在しているのです。

196　政治についてはどうでしょう。補完性の原理を心に留めましょう。それは一方で、社会のあらゆるレベルに存在する能力を伸ばす自由を与え、他方で、より大きな権限を行使する人々には共通善へのいっそう重い責任感を要求します。今日では、いくつかの経済部門が、国家そのものよりも強い権力を行使しているというのが本当のところです。しかし、政治不在の経済は、現今の危機のさまざまな側面に対処する他の方途を抑え込むおそれがあるので、正当化できるものではありません。環境への真面目な関心が入る余地のない考え方は、社会におけるもっとも弱い立場の人々の包摂への関心を欠く考え方と同じものです。というのも、「現代の『成功』と『自立』のモデルにおいては、取り残された人、弱い人、生活手段をほぼ断たれている人への出資は、理にかなわないこととされているよう(139)」だからです。

197　必要とされるのは、将来を見据え、危機のさまざまな側面に対処するために、一つの新しい全人的で学際的なアプローチができる政治です。腐敗のゆえに、また健全な公共政策を施行し損ねたがゆえに抱かれてしまう不信の責任は、大抵、政治そのものにあります。国がその責任を遂行しない地域があると、そこでは何らかの企業集団が、慈善家を装って実権を握り、自分たちには特定の規則から免除される特権があると思い込み、さまざまな形態の組織犯罪を容認するに至らないとも限りません。それは、人身売買、麻薬密売、暴力といった、どれも撲滅させるのが非常に困難なものです。政治が、このような倒錯した論理を打ち破れないという自らの無能をさらし、芯《しん》のない議論に拘泥したままでいるならば、わたしたちは人類にとっての重要な問題の直視を避け続けることになるでしょう。真の変革のための戦略は、その全般においてプロセスの再考を求めるものですが、それは、今日の文化の根底にある考え方を問題にしようとしないままの、表面的なちょっとした環境への配慮だけでは十分ではないからです。健全な政治は、こうした課題に取り組めるようでなければなりません。

198　政治と経済は、貧困と環境悪化を扱う際、互いを非難しがちです。双方が、自身の誤りを認め、共通善に向かう種々の相互作用を見いだすことが望まれます。経済的利益ばかりを気にかける者もいれば、権力に固執する者、あるいはそれを増大させる者もいます。いずれにおいても、環境への気遣いともっとも弱い立場の人々の保護とが関心事の最後尾に置かれる一方、わたしたちに残されるのは対立、あるいは偽りの合意です。ここでも、「一致は対立に勝る」[140]ということがいかに真実であるかが分かります。

V　科学と対話する諸宗教

199　経験科学が、生命、全被造物間の相互作用、現実全体、これらについて完全に説明できると主張することは不可能です。それは、経験科学特有の方法論が課す制限に背くものになってしまいます。経験科学の範囲内でのみ考察するとなると、美的感性や詩情、あるいは物事の究極の意味や目的を捉える理性の能力さえも失ってしまいます。[141]「古典的な宗教書はあらゆる時代において意味をもちうるもので、新たな地平を開く原動力があります。……宗教的信念によって生まれたというだけで、それらの書物を闇に葬ることは、分別ある賢明な行為でしょうか」[142]とも、わたしは言い添えたく思います。倫理原則を、いかなる文脈からも切り離された、抽象的なかたちにおいてのみ表れるものと考えるなら、それはあまりに単純すぎるでしょう。また、倫理原則が宗教的言語で表現されているからといって、公の議論において価値を損ねるというわけでもありません。理性で理解できる倫理原則は、いつも異なる装いで繰り返し姿を見せるもので、宗教的言語を含むさまざまな言い回しで表現されうるものです。

200　もし人類が自らの羅針盤を失えば、もしわたしたちが仲良く暮らし、犠牲を払い、他者を大事にできるようにしてくれる気高い思いを失えば、科学が約束するいかなる技術的解決も、世界の深刻な問題の解決に対して無力です。信仰者は、自分の信仰にかなう生き方をし、行いでそれに背くことのないように、つねに自らを戒めなければなりません。いつも神の恵みに心を開き、愛と正義と平和についての究極の確信にたえず従って歩むようにとの励ましを必要としています。わたしたちが自らの行動規範を誤って解釈し、自然の濫用を正当化したり、被造界に対して横暴に振る舞ったり、戦争や不正や暴力行為に手を染めたりすることがあったのであれば、わたしたち信仰者が認めるべきは、それによってわたしたちは、自分たちが守り保つよう招かれた知恵の宝に不忠実だったということです。時代ごとに異なる文化的制約が、こうした倫理的・霊的遺産の自覚に影響することはままありましたが、それらの源泉に立ち戻り続けることで、宗教は今日の必要にこたえるのにふさわしく整えられるでしょう。

201　わたしたちの星に暮らす人々の大半は、自らを信仰者であると公言しています。このことは、自然を保護し、貧しい人々を守り、敬意と友愛のネットワークを造るために対話をするよう宗教を駆り立てるはずです。科学間の対話も同様に必要とされています。というのも、各科学は、専門化によるある種の孤立化や自らの学問分野の絶対化に導かれてしまったり、自らの言語に閉じこもりがちになったりするからです。こうしたことは、わたしたちが効果的に環境問題に立ち向かうことを阻みます。イデオロギー的対立が見られるのもまれではないさまざまなエコロジー運動の間にもまた、率直で敬意ある対話が必要とされています。生態学的危機の深刻さは、わたしたち皆がこぞって共通善に心を砕き、「現実は理念に勝る」(143)ことをつねに心に留めながら、忍耐と自己鍛錬と広い心が求められる対話の海へと漕ぎ出すよう求めています。

第六章　エコロジカルな教育とエコロジカルな霊性

202　進路を改めるべき物事がたくさんありますが、とりわけ変わる必要があるのは、わたしたち人間です。わたしたちには、共通の起源について、相互に属し合っていることについて、そしてあらゆる人と共有される未来についての自覚が欠けています。この基本的な自覚が、新しい信念、新たな態度とライフスタイルを成長させてくれるでしょう。わたしたちは、文化的で霊的で教育的な重要課題に直面しており、再生のための長い道に踏み出すようにとの要求を突きつけられています。

I　新しいライフスタイルを目指して

203　市場には、製品販売の努力の一環で極端な消費を助長する傾向があるので、人々はたやすく不必要な買い物や浪費の渦に巻き込まれてしまいます。取りつかれたような消費主義は、技術経済《テクノ・エコノミック》パラダイムが各人にいかなる影響を及ぼすかを示す一例です。ロマーノ・グァルディーニは予見していました。すなわち、人間は「合理的な計画と規格にはまった機械製品とによって、押しつけられたような格好で、習慣的事物と生活様式とをうけいれている。しかも大方の気持ちでは、そうすることが理にかなっており、かつ正しいのだと思いこんでいる」[144]。こうしたパラダイムは、消費の自由を有しているかぎり自分たちは自由だと人に信じさせます。しかし、現実にそうした自由を手にしているのは、経済と財政に力を振るう少数の権力者です。ポストモダンの人類は、こうした混乱の中にあって、手引きや導きにつながる新たな自己認識にいまだ到達しておらず、また、こうしたアイデンティティの欠如が苦悩の一因となっています。わたしたちは、手段が多すぎて、貴重で成長にかかわる目的を果たせずにいます。

204　現在の世界情勢は「不安定や危機感を与え、それが集団的利己主義の温床[145]」となります。人は、自己中心的にまた自己完結的になるとき、貪欲さを募らせます。心が空虚であればあるほど、購買と所有と消費の対象を必要とします。現実から課される制限を受け入れることがほぼ不可能になります。こうした地平においては、共通善に対する真正な感覚もなくなります。これらの態度が広く一般化すると、社会規範は、それが個人の必要と衝突しない場合に限って守られるものとなります。ですからわたしたちの懸念は、極端な気候現象の脅威だけに限定されるものではなく、社会不安という破局的結末にまで広げるべきなのです。消費主義的なライフスタイルへの執着は、とりわけそうしたライフスタイルを続けられる人が少数であるときには、暴力と相互破壊へと導きうるだけのものとなるのです。

205　それでもなお、すべてが失われたわけではありません。人間は、一方では、最悪なまでに身を落とす可能性がありつつも、他方では、心的また社会的な制約があろうとも、自らを超えて立ち上がり、善なるものを選び直し、新しいスタートを切ることができます。わたしたちは、自分自身を正直に見つめ、深い満たされなさを認めて、真の自由へと新たに歩み始めることができます。いかなるシステムも、善・真・美へと開く心を、あるいは、心の奥底で働く神の恵みにこたえるために神から授かった能力を、完全に押しつぶすことはできません。わたしは、世界中のすべての人に、わたしたちのものであるこうした尊厳を忘れないようにと訴えます。この尊厳をわたしたちから奪い取る権利は、だれにもないのです。

206　ライフスタイルの変化は、政治的、経済的、社会的権力を振るう人々に働きかける健全な圧力をもたらしました。それは、消費者運動が、特定製品の購買や使用の拒否によって実現していることです。そうした運動は、企業に、自社製品の環境負荷と生産方法について熟考させ、営業のあり方を変えさせることに成功しています。社会的圧力が収益に影響を与えるなら、企業はこれまでとは異なる生産方法を当然見いださねばなりません。このことは、消費者としての社会的責任の自覚が強く求められていることを示しています。「物を買うということは、つねに道徳的な行為であって単なる経済的行為ではない(146)」のです。つまり今日では、「環境悪化の問題から、わたしたちのライフスタイルの見直しが迫られている(147)」のです。

207 『地球憲章』がわたしたちに求めたのは、自己破壊の時代に別れを告げて新しいスタートを切ることでしたが、わたしたちは依然として、その達成に必要な世界規模での自覚を育てられてはいません。ここでわたしは、かの勇気ある挑戦の声を繰り返したいと思います。「わたしたちは歴史上初めて、共通の運命によって新たな行動を始めることが求められている。……わたしたちの時代を、生命の新たな尊厳への目覚め、持続可能性を実現するための確たる決意、正義と平和を確立するためのさらなる努力、そして、喜びと祝福に満ちた生命とともに想起される時代にしようではないか(148)」。

208 わたしたちは、いつも、自分自身から出て他者へと向かうことができる存在です。そうしなければ、それぞれの価値をもつ他の被造物を認めることはできず、他者のためになるさまざまなことへの配慮には無関心となり、他者の苦しみやわたしたちの環境の悪化を防ぐための自制をし損ねてしまいます。閉塞性と自己中心性を打ち破る、自己を超え出るという基本的姿勢が、他者と環境に対するどのような配慮をも可能たらしめる土台です。その姿勢がまた、一つ一つの行動や個人的決定が自分たち以外のものにもたらす影響を評価するという、道徳的命令になじませてくれます。個人主義を克服できるなら、わたしたちは本当に、これまでとは異なるライフスタイルを作り出し、大いなる社会的変化をもたらすことができるでしょう。

II　人類と環境との間の契約に資する教育

209　今日の文化的また生態学的な危機の重大さについての自覚は、新しい習慣へと置き換えられなければなりません。多くの人は、目下の進歩と物や快楽をただただ積み上げることは、人の心に意味づけと喜びを与えるには十分でないことを知っています。にもかかわらず、市場が差し出すものを諦められないとも感じています。消費習慣を大きく変化させなければならない国々の若者たちの中には、エコロジカルなものに敏感な新しい感性と寛大な精神があり、環境保護のために立派な努力をする人もいます。その一方で、彼らは、別の習慣を作り出すのを難しくしている、極端な消費主義と豊かさの中で育ってしまいました。わたしたちは教育上の課題に直面しているのです。

210　環境教育はその射程を広げてきました。初期の環境教育は、おもに科学的情報の提供と意識の啓発と環境リスクの回避とを中心にしていましたが、現在では功利主義的な考え方を土台とする近代の「神話」（個人主義、限りなき進歩、競争、消費主義、規制なき市場）批判を含みつつあります。それはまた、わたしたち自身の中での調和、他者との調和、自然やいのちある他の被造物たちとの調和、そして神との調和といったさまざまなレベルで、エコロジカルな平衡を回復させようとしてもいます。環境教育は、エコロジカルな倫理にそのもっとも深い意味を与えてくれる超越者に向かっての跳躍を助けてくれるはずです。そうした環境教育には、エコロジーの倫理を発展させ、また、効果的な教育を通して、連帯と、責任と、思いやりをもって大切にする心をはぐくむよう、人々を助ける力のある教育者が必要です。

211　しかし、「エコロジカルな市民性」の創出をねらいとするこうした教育は、時に情報提供に限定されて、よい習慣を身に着けさせることができません。法規制が存在しているだけでは、強制力のある手段が備わっていたとしても、長期的に不適切な行動を防止するには不十分です。法が大きな、そして長続きする効果をもたらそうとするなら、社会の構成員の大多数がそれを受け入れることに十分な意欲をもち、責任をとる者へと変わらなければなりません。健全な諸徳を培うことによってのみ、人々は、無私でエコロジカルな献身をなすことができるでしょう。もっと多くの支出や消費の余裕があっても、常時控えめに暖房を使用し厚着をする人は、環境保護への貢献となる信念や姿勢のようなものを示しています。日々のささやかな行いを通して被造界を大切にするという務めには高潔さが宿っており、また、教育がライフスタイルを実際に変化させうるのはすばらしいことです。環境上の責任についての教育は、直接的で多大な影響を周囲の世界に及ぼす行動へと促すことができます。たとえば、プラスチックや紙の使用を避けること、水の使用量を減らすこと、ゴミを分別すること、食べられる量だけを調理すること、他の生き物を大切にすること、公共交通機関を利用したりカー・シェアリングをしたりすること、植林をすること、不要な電気を消すこと、また、ほかにも実践例はいくつも挙げられます。こうした例はすべて、人間の中にある最善のものを引き出してくれる、寛大で価値ある創造性を反映しています。正しい理由でなされるならば、すぐに使い捨てずに再利用することは、わたしたちに固有の尊厳の発露たる愛の行為となりうるのです。

212　こうした努力では世界は変えられないだろう、と考えてはなりません。そうした努力は気づかれないこともしばしばですが、目には見えずとも必ず広がるであろう善を呼び出すがゆえに、社会にとって益となります。さらにまた、そうした行いが、わたしたちに自尊心を取り戻させることもあります。また、より充実した人生を送らせ、地上の生活が労苦に値するものと感じさせることもできるのです。

213　エコロジカルな教育は、学校、家庭、メディア、カテケージス、また他の場所で、さまざまな機会に行うことができます。幼年期や少年期のよい教育は、わたしたちに種を蒔《ま》き、生涯を通して実を結び続けます。しかしわたしは、家庭が非常に重要であることをここで強調したく思います。家庭は、「神の贈り物である生命がふさわしく迎えられ、ふりかかる多くの攻撃から守られる場であり、真の人間的成長をもたらしつつ発展することができる場なのです。いわゆる死の文化に対して、家庭は生命の文化の中心」(149)なのです。わたしたちはまず家庭の中で、いのちに対する愛と敬意の示し方を学び、また、物を適切に利用すること、整頓することと清潔にすること、地域の生態系を尊重すること、すべての被造物を気遣うことを教わります。家庭の中でわたしたちは、人格的成熟における調和のとれた成長を可能にする全人的な教育を受けるのです。家庭の中でわたしたちは、無理強いせずに頼むこと、受けたことに対する心からの感謝の表現として「ありがとう」ということ、攻撃や強欲を慎むこと、傷つけてしまったらゆるしを請うことを学びます。心のこもった礼節を表すこうしたささやかな言動は、ともに暮らす文化を創出し、周辺環境を尊重することを助けてくれます。

214　政府機関やさまざまな他の社会集団はまた、人々の自覚を育てる助けとなることをも託されています。教会もまたそうです。すべてのキリスト教共同体はエコロジカルな教育において果たすべき重要な役割を有しています。神学校や養成施設で、責任をもって質素な生活を送るよう、神の世界を感謝のうちに観想するよう、貧しい人々の必要と環境保護とに関心を抱くよう、教えてほしいというのがわたしの願いです。危険度ははかりしれないほど高いがゆえに、環境への加害に対して罰則を課す権限を付与された機関が必要とされますが、自制心や進んで学び合う心をもつこともまた、わたしたちには必要なのです。

215　その意味で、「美しさへの関心を高めるような教育と健康な環境の保全とに関連があることを見逃してはなりません」[150]。美に目を向けそれを味わう学びによって、わたしたちは利己的な実用主義を退けることを学ぶのです。美しいものに心奪われて立ち止まることを知らない人が、平然とあらゆるものを利用し濫用の対象物として扱ったとしても、驚くにはあたりません。根本的な変化をもたらしたいならば、特定の考え方がわたしたちの言動に実際に影響を及ぼしていることに気づく必要があります。人間や生命や社会についての、また自然とのかかわりについての新しい考え方を普及させる努力をしないかぎり、教育におけるわたしたちの取り組みは不十分で効果の乏しいものとなるでしょう。さもなければ、メディアと強力な市場メカニズムによって、消費主義というパラダイムが邁進し続けることでしょう。

Ⅲ　エコロジカルな回心

216　二千年にわたる個人と共同体の経験の実りであるキリスト教の霊性の豊かな遺産には、人間性の刷新の力となりうる貴重な貢献が内包されています。福音の教えはわたしたちの考え方、感じ方、生き方に直接影響を与えるため、ここでわたしは、キリスト者に対して、信仰の確信に根ざすエコロジカルな霊性のためのいくつかの提案をしたく思います。理念やその概念ばかりではなく、そのような霊性が、世界を守ろうとするわたしたちの意欲をいかに駆り立ててくれるかに、わたしは関心があるのです。わたしたちを鼓舞する霊性なしに、「個人や共同体の行動を、刺激し、動機づけ、励まし、意味づける、内的原動力[151]」なしに、この高邁なことへの献身を、ただ教義だけで持続させることはできません。霊であるいのちは、肉体から、自然から、あるいは世の現実から切り離されることなく、それらの間で、それらとともに、わたしたちを取り巻くすべてのものとの交わりのうちにあるにもかかわらず、キリスト者は、神が教会に授けた霊的宝を、必ずしも生かし豊かにしてきたわけではないということを認めざるをえません。

217　「内的な意味での荒れ野があまりにも広大であるがゆえに、外的な意味での世の荒れ野が広がっています[152]」。こうした理由で、生態学的危機は、心からの回心への召喚状でもあります。熱心でよく祈ってはいても、現実主義や実用主義にかこつけて、環境への関心を嘲笑しようとするキリスト者たちがいるということも知らねばなりません。他方、消極的なキリスト者もいます。自分の習慣を変えようとしない、一貫性に欠ける人たちです。したがって、そうした人々皆に必要なものは「エコロジカルな回心」であり、それは、イエス・キリストとの出会いがもたらすものを周りの世界とのかかわりの中であかしさせます。神の作品の保護者たれ、との召命を生きることは、徳のある生活には欠かせないことであり、キリスト者としての経験にとって任意の、あるいは副次的な要素ではありません。

218　アッシジの聖フランシスコの姿を思い起こすことによってわたしたちは、被造界との健全なかかわりが、全人格に及ぶ回心の一面であることに気づかされます。その回心によってわたしたちは、過ち、罪、落ち度、失敗に気づき、心からの悔い改めと、変わりたいという強い望みへと導かれます。オーストラリアの司教団は、被造界との和解を果たすために、こうした回心が、どれほど重要であるかを語っています。「そのような和解に達するために、わたしたちは自分たちの生活を吟味し、行いや怠りによって神のものである被造界を傷つけてきたことを認めなければなりません。わたしたちは、回心、すなわち心の変革を経る必要があるのです[153]」。

219　だからといって、各人の自己改革だけで、今日の世界が直面している極度に複雑な状況が改善することはないでしょう。孤立した個々人は、功利主義的な考え方を避けるための力と自由とを失って、社会的あるいはエコロジカルな自覚を妨げてしまう非倫理的な消費主義の餌食《えじき》になってしまう可能性があります。社会問題は、個人の善行の積み重ねによるばかりでなく、共同体のネットワークによって対処されねばなりません。この仕事には、「途方もなく大きな力が必要であろう。おそらく一人ひとりの自発性と個人主義のなかではぐくまれた個人の連合とが生みだすはずの力では、不足であろう。そのためには、もろもろの力の集積と、仕事の成果の統一とが必要とされようが、それはあらたな態度の形成をまって初めて可能とされる」(154)のです。永続的な変化をもたらすために必要とされるエコロジカルな回心はまた、共同体の回心でもあるのです。

220　この回心は、優しさあふれる、惜しみない気遣いの精神を培ってくれるさまざまな態度を求めています。まず、それは、感謝の念と見返りを求めない心を伴うものです。また、世界は愛のこもった神の贈り物であるということと、自己犠牲と善行を通して神の惜しみない心に倣うようそっと呼びかけられているということの認識を含んでいます。「右の手のすることを左の手に知らせてはならない。……そうすれば、隠れたことを見ておられる父が、あなたに報いてくださる」(マタイ6・3―4)のです。それはまた、わたしたちは他の被造物から切り離されているのではなく、万物のすばらしい交わりである宇宙の中で、他のものとともにはぐくまれるのだということを、愛をもって自覚することです。信仰者としてわたしたちは、御父が存在するすべてのものとわたしたちを結んでくださったきずなを意識しながら、外部からではなく内部から世界を見ます。エコロジカルな回心は、各信者が神からそれぞれ授かった固有の能力を伸ばすことを通して世界の諸問題を解決し、神に「喜ばれる聖なる生けるいけにえとして」（ローマ12・1）自分をささげることができるよう、豊かな創造性と熱意を注ぎます。わたしたちは、自分たち人間が優れたものとされていることを、個人の名誉や無責任な支配の根拠としてではなく、むしろ、信仰に由来する重大な責任を伴う、他とは異なる能力として理解しています。

221　この回勅の冒頭で展開された信仰のさまざまな確信は、こうした回心の意味を豊かにする助けとなりうるものです。信仰の確信は、個々の被造物が神に属する何かを映し出しており、わたしたちに届けられるべき何らかのメッセージを有しているという気づきと、この物質界をその身に受けたキリストは、復活した後、今なお、存在するすべてのものをご自分の愛で包み、その光をもってそれぞれの内部に入り、すべてのものに対して親密な存在でおられるという安心感とを含んでいます。そしてまた、神は、秩序とダイナミズム――人間にこれを無視する権利はありません——を書き込みながら世界を創造なさったという認識もそこにはあります。わたしたちは、空の鳥についての「その一羽さえ、神がお忘れになるようなことはない」（ルカ12・6）というイエスのことばを福音書の中に見いだします。そうであるなら、どうして鳥たちを虐げたり傷つけたりすることができるでしょうか。わたしはすべてのキリスト者に対して、自らの回心のこうした次元を認識し、それをしっかり生きるよう願います。受けた恵みの力と光が今度は、他の被造物との、また周りの世界とのかかわりの中に広がっていきますように。こうしてわたしたちは、アッシジの聖フランシスコがあのように輝かしく体現した、全被造界との、あの高潔な兄弟愛をはぐくむ助けとなるでしょう。

Ⅳ　喜びと平和

222　キリスト教の霊性は、生活の質についての別種の理解を示し、消費への執着から解放された自由を深く味わうことのできる、預言的で観想的なライフスタイルを奨励します。わたしたちは、多様な宗教的伝統に、また聖書にも見いだせる、古来の教訓を思い起こす必要があります。それは「より少ないことは、より豊かなこと」という確信です。事実、新たな消費財がひっきりなしに氾濫し続けることが、心を惑わし、一つ一つの物事や、一瞬一瞬の時を大切にできなくしてしまいます。他方、たとえそれがどんなにささやかなものであっても、一つ一つの現実に落ち着いて臨むことは、理解や自己実現というはるかに大きな地平へとわたしたちを開いてくれます。キリスト教の霊性は、節度ある成長とわずかなもので満たされることを提言しています。それは、人生の中で与えられる可能性に感謝するために、自分が所有するものへの執着を捨てるために、ないことを悲しみ挫《くじ》けることがないように、小さなことに立ち止まってそれを味わえるようにしてくれる、あの素朴さへと立ち帰るということです。それには、支配の力学と、また単なる快楽の蓄積とを避けることが求められます。

223　そうした節欲は、自由にそして意識的に生きられるならば、解放をもたらします。それは、劣った生き方でも、刺激に欠けた生き方でもありません。それどころか、それは生を全うする生き方なのです。実際、一瞬一瞬をより深く味わい、それをよりよく生きる人は、自分がもっていないものにいつも気を取られて所構わず手を出すことを放棄した人です。そういう人は、もっとも単純な物事に親しむことを学び、また、それらをどう味わうかを学びつつ、それぞれの人や物事をありがたく思うとはどのようなことであるのかを体験します。そうしてそのような人は、満たされることのない要求を減らすことができ、執着や不安を捨てることができるのです。慎ましく生活していても、そうした人は、とくに友との交わりに、奉仕に、才能の成長に、音楽や美術に、自然との触れ合いに、祈りに、別の喜びを見いだし満足して、心豊かに生きているはずです。幸福とは、自分をだめにするような欲求を抑えて、人生が与えてくれる多様な可能性に開かれること、そのすべを知ることです。

224　前世紀には、節欲と謙遜は好意的に受け止められていませんでした。それでも、個人生活や社会生活において特定の徳が実践されないことが当たり前になると、結局は、環境上の不均衡を含め、多くの不均衡が生じることになります。それゆえ、生態系の十全性《インテグリティ》について語るだけでは、もはや十分ではありません。わたしたちは、人間の生の十全性《インテグリティ》について、すべての偉大な価値を奨励し結び合わせる必要性について、あえて語らなければなりません。ひとたびわたしたちが謙虚さを失い、あらゆるものへの制限なき支配の可能性に魅入られてしまえば、社会と環境とに害をなさずには済まなくなります。わたしたちが自らを自己完結的な自律性を有する存在とみなすなら、人生から神を排除したり、神の代わりに自分のエゴを据えて、自分の主観的感情は善悪を判断できると思い込むなら、こうした健全な謙遜、あるいは幸いな節欲を培うことは容易ではありません。

225　他方、自分自身と和解せずに、幸いな節欲を養い育てることのできる人はいません。戦争がないことをはるかに超えるものである平和の意味を十分に理解することなく、適切な霊性理解はありません。心の平安は、エコロジーや共通善を大切にすることと密接にかかわっています。なぜなら心の平安が真に味わい尽くされるならば、人生についてより深く理解させてくれる、驚くという力を備えた調和あるライフスタイルにそれが表れるからです。自然は愛のことばに満ちていますが、鳴り止まない騒音や、終わりのない苛立《いらだ》ち、カルト的な外見偏重の中にあって、わたしたちはどうしてそれを聞くことができるでしょうか。今日、多くの人は、自分の身の周りのことを何もかも粗雑に扱うよう急《せ》かされながら、猛烈な活動へと駆り立て多忙さを感じさせる深刻な不安定さを覚えています。こうしたことは、彼らが環境をどう扱うかにも影響を及ぼします。総合的《インテグラル》なエコロジーが求めるのは、被造界との落ち着いた調和を回復するために時間をかけること、わたしたちのライフスタイルや理想について省みること、そして、わたしたちの間に住まわれ、わたしたちを包んでいてくださる創造主を観想することです。その現存は「作られるのではなく、発見されるもの、覆いを取り除いて明らかにされるもの[155]」なのです。

226　話しているのは、心のあり方についてです。それは、落ち着いた注意深さをもって生活しようとする姿勢、展開を予想したりせずに全身全霊をもって相手と向き合おうとする姿勢、懸命に生きるよう神からいただいた贈りものとして一瞬一瞬を受け止める姿勢です。イエスは、野の百合と空の鳥をじっと見つめなさいと招かれたとき、あるいは、金持ちの青年をご覧になり彼の満たされなさを見抜かれ「彼を見つめ、いつくしし」（マルコ10・21）まれたとき、わたしたちにこうした姿勢を教えてくださったのです。イエスは、すべての人またすべてのことに対して存在のすべてをもって向き合うかたであり、また、その姿をもって、わたしたちを浅はかで粗暴で衝動的な消費者にする、あの病的な不安に打ち勝つ道を示してくださったのです。

227　こうした姿勢の表れの一つは、食前食後に手を止めて神に感謝をささげることです。わたしは、すべての信者に、この美しく意義深い習慣に立ち帰るようお願いします。食前食後の祈りは、わずかな時間であっても、わたしたちのいのちが神の手の中にあるということを思い起こさせてくれます。それは、被造物という贈り物への感謝の思いを強め、それを提供してくれる人々の労働をありがたく思い、困窮の極みにある人々との連帯を再確認する時なのです。

V　市民的そして政治的な愛

228　自然への配慮は、共生と交わりの力を備えたライフスタイルの一部です。皆の父としての神がおられるのだから、わたしたちは兄弟姉妹なのだということを、イエスは思い起こさせてくださいました。兄弟愛は無償のものでしかありえず、決して、過去にしてもらったことや将来してもらうはずのことに報いる手段であるはずはありません。このことこそ、敵を愛することができる理由なのです。それと同じ無償性が、わたしたちに、風や太陽や雲を、たとえそれらを制御することはできずとも、愛し受け止めるよう促します。このような意味で、わたしたちは「普遍的兄弟愛」について語ることができるのです。

229　わたしたちは互いを必要としていること、他者と世界に対して責任を共有していること、善良で正直であることにはそうするだけの価値があること、こうした確信を、わたしたちは取り戻さなければなりません。もう長らく、倫理、善、信仰、誠実さを茶化すことで、わたしたちは道徳的退廃を経験してきました。軽はずみな浅薄さは、ほとんど何の役にも立たないと認識するときが来たのです。社会生活の基盤が腐ると、対立する利害をめぐる争い、新たな形態の暴力と蛮行、そして環境を気遣う真の文化の成長の阻害が確実に起こります。

230　リジューの聖テレジアは、愛の小さき道を実践すること、また優しいことばをかけ、ほほえみ、平和と友情を示すささやかな行いのあらゆる機会を逃さないようにと、わたしたちを招いています。総合的な《インテグラル》エコロジーはまた、暴力や搾取や利己主義の論理と決別する、日常の飾らない言動によってもできています。つまるところ、消費が肥大する世界は、同時に、あらゆる形態のいのちを虐待する世界なのです。

231　相互配慮のささやかな言動を通してあふれ出る愛はまた、市民性にも政治性にも見られるものでもあり、よりよい世界を造ろうとする一つ一つの行為において感じられます。社会に向かう愛と共通善への取り組みは、個人間のかかわりだけではなく「広範な関係（社会、経済、政治）」[156]にも影響する愛徳の傑出した表現です。それゆえ教会は、「愛の文明」[157]という理念を世界に示したのです。社会に向かう愛は真の発展への鍵です。「社会をより人間的に、より人間にふさわしいものにするためには、政治、経済、文化の各レベルにおける社会生活の中で、愛を再評価し、すべての活動においてつねにもっとも権威ある規律とする必要があります」[158]。こうした枠組みの中で、社会に向かう愛は、日々のささやかな言動を重視しつつ、環境悪化を食い止め、また「ケアの文化」を促進し社会全体に浸透させる、もっと大掛かりな戦略を考案するようにとわたしたちを駆り立てます。社会のこうした力強い動きに、他の人々と一緒に加わるよう神から呼ばれていると感じるときは、それもまたわたしたちの霊性の一面であると認識すべきです。それは、愛徳の実践であり、それ自体がわたしたちを成熟させ聖化してくれるものです。

232　すべての人が政治生活に直接身をささげることを求められるわけではありません。社会は、共通善の促進と、環境――自然環境でも都市環境でも――の保護に尽くす数え切れないさまざまな組織によっても豊かにされます。たとえば、公共空間（ビル、噴水、放置された記念建造物、景観、広場など）への関心をもって、すべての人に属するものとしてそれを保護し、修復し、改良し、美しくしようと奮闘する組織などです。こうした地域活動を中心に、もろもろのかかわりが広がり、あるいは修復されて、新しい社会構造が出現します。こうして地域社会は、消費主義が誘発する無関心から抜け出すことができます。このような活動は、記憶されて受け継がれる物語とともに、共有されるアイデンティティを形成します。こうして、この世界と、もっとも貧しい人々の生活の質とが、連帯感をもって配慮されるのです。そうした連帯感は同時に、神から託された共通の家に住んでいるという自覚でもあります。こうした地域活動は、それが自己譲与の愛を示すとき、とりわけ豊かな霊的体験にもなるでしょう。

Ⅵ　秘跡のしるしと休息の祭儀性

233　天地万物は、遍在する神において、真の姿を開示します。それゆえ、ひとひらの葉に、一本の野道に、一滴の露に、貧しいだれかの顔に、神秘的な意味が見いだされうるのです。[159] 魂の中におられる神のわざに触れようと、外から内へ向かうばかりではなく、あらゆる物事の中に神を見いだすのが理想です。聖ボナヴェントゥラは、「心の中に神の恵みの働きを感じれば感じるほど、また、他の被造物において神を認めれば認めるほど、観想は深まる[160]」とわたしたちに教えます。

234　十字架の聖ヨハネは、この世界の実在や経験の中におけるよさはすべて「神において卓絶した様式で無限に見いだされる、というより、むしろ、これらの優秀性のおのおのは神であるといったほうがよいだろう[161]」と教えました。これは、この世界の有限な物事が実際に神聖だからというのではなく、この神秘家が、神とすべての存在との間にある親密なつながりを経験し「神が自分にとって万事であると体験する[162]」からです。山を前に畏怖の念に打たれて立ちすくむと、人は、その体験を神と切り離すことはできず、生き生きとした内的畏怖は主に帰すべきものであることを知るのです。「山々は高く、豊饒で、広大で、美しく、優雅で、花々が咲きみだれ、芳しい香《かおり》にみちている。わたしにとって、わたしの愛人は、こういう山々である。人気《ひとけ》のない谷は静かで、気持ちよく、涼しい木蔭《こかげ》に富んでいる。清らかな水が、ゆたかに流れ、そこに生えている種々さまざまの植物や、小鳥たちのやさしい歌声で、人々の感覚を魅了し、楽しませる。またその静寂と沈黙とによって、すがすがしさといこいとを与える。わたしの愛人はわたしにとって、こういう谷である[163]」。

235　諸秘跡は、神が自然を、超自然的ないのちを仲介するものへと高める、特別に恵まれた手段です。神への礼拝を通して、わたしたちは異なる次元で世界を受け入れるよう招かれます。水、油、火、色は、それらが象徴する力すべてにおいて高められ、わたしたちの賛美の中に組み込まれます。祝福する手は、神の愛の道具であり、またわたしたちの人生の旅路に寄り添うために来られたイエス・キリストの近しさの映しです。洗礼の際に子どものからだに注がれる水は、新しいいのちのしるしです。神と出会うということは、この世界から逃げ出すことでも、自然に対して背を向けることでもありません。このことは、とくに東方キリスト教の霊性において明らかです。「美――東方において、神聖な調和を表現するのにもっとも親しまれている名の一つで、変容された人間のモデルであるそれは、教会の造形に、音楽に、色に、光に、香りにと、至るところに見られます[164]」。キリスト者にとって、物質世界のすべての被造物が自らの本当の意味を見いだすのは、受肉したみことばにおいてです。

なぜなら、神の独り子は、人となって物質界と結ばれ、そこに決定的な変化の種を蒔《ま》かれたからです。「キリスト教は、物質を否定しません。むしろ、身体性は、典礼行為において、その価値を全面的に認められており、そこでは、人間の身体は、その内なる本性において聖霊の神殿として示され、また、世の救いのために肉をお取りになった主イエスと結ばれています[165]」。

236　創造されたすべてのものがもっとも高められるのは、聖体においてです。感覚で捉えられるしかたで自らを顕《あら》わにしようとする恵みは、神ご自身が人となられ、被造物のためにご自分を食べ物としてお与えになったとき、このうえなきかたちで表現されました。主は、受肉の神秘の頂点において、ひとかけらの物質を通じて、わたしたちの内奥にまで達することを望まれました。この世界でわたしたちが主を見いだせるよう、主は、上からではなく内から訪れてくださいます。聖体において、充満はすでに実現されています。それは万物のいのちの源であり、愛とくみ尽くすことのできないいのちがあふれ出る泉です。全宇宙は、聖体の中に現存なさる受肉した御子に結ばれて、神に感謝をささげます。実に、聖体は、宇宙的な愛の行為そのものです。「そうです、確かにそれは宇宙的です。なぜなら、たとえ田舎のささやかな祭壇で行われていたとしても、感謝の祭儀はつねにある意味で『世界という祭壇の上で』行われているからです[166]」。聖体は、天と地を結び、被造界全体を抱き、そして貫きます。神のみ手から生まれ出た世界は、全被造物が喜びにあふれ一つになって礼拝することを通して、神に帰るのです。すなわち、聖体であるパンにおいて、「被造界は、神化へと、聖なる婚宴へと、創造主ご自身との一致へと向かうようにと造られています[167]」。それゆえ聖体は、被造界全体の信託管理人であるようわたしたちを導く、環境への関心を照らし生かす光と力の源でもあります。

237　主日に感謝の祭儀に参加することには、特別重要な意味があります。主日は、ユダヤ教の安息日と同様、わたしたちが神との、自分自身との、他者との、世界とのかかわりを修復するための日です。主日は、復活の日、新しい創造の「第一の日」であり、その初穂は、主の復活した人間性、全被造物の最終決定的な変容の確約です。この日はまた、「神のもとにおける人間の永遠の休息[168]」を告げる日でもあります。このようにして、キリスト教の霊性は休息と祝祭の価値を総合します。わたしたちは観想的な休息を非生産的で無駄なものと軽視しがちですが、そうした軽視は、自分がなす仕事にとってもっとも大切なもの――すなわち働くことの意味――を考慮せずに済ますことなのです。わたしたちは、自分の仕事に、ありがたくいただくものという性格をもたせるよう招かれています。それは、ただ何もしないでいることとはまったく違います。むしろそれは、別の働き方であって、まさにわたしたちの本質の一部を成すものです。それは、人間の行為をむなしい行動至上主義から守るばかりか、自分以外の人に不利益を与えてまでも私利私欲を追求させる、歯止めのない貪欲と孤独感から守ってくれます。週ごとの休息というおきては、「あなたの牛やろばが休み、女奴隷の子や寄留者が元気を回復するため」（出エジプト23・12）に、第七日目に働くことを禁じました。休息は、より広い視野をもてるようわたしたちの目を開かせ、他者の権利にあらためて気づかせてくれます。それゆえ、感謝の祭儀を中心に置く休息の日は、週全体を照らし、また、自然や貧しい人々のことをよりいっそう心にかけるよう駆り立ててくれます。

Ⅶ　被造物の間にある関係と三位一体

238　御父は、あらゆるものの究極の源泉であり、存在するすべてのものにとって、愛と親密さの基盤です。御父の写しである御子——万物はこのかたを通して創造されました——は、マリアの胎に宿ったとき、ご自分をこの大地と固く結ばれました。愛の永遠のきずなである聖霊は、天地万物のまさにただ中に親しく現存しておられ、活力を与え、活路を開いてくださいます。世界は、唯一の神的原理として行為する三つの位格《ペルソナ》によって創造されましたが、三つの位格は、この共同のみわざを、おのおのに固有のしかたで行いました。したがって、「宇宙をその壮大さと美しさに対する驚きをもって観想するとき、わたしたちは、三位一体全体を賛美しなければなりません(169)」。

239　キリスト者にとって、三一的な交わりである唯一の神に信を置くことは、全被造物が明確に三位一体的な痕跡をとどめていると考えることにつながります。聖ボナヴェントゥラは、堕罪前の人間は、被造物それぞれが「神は三位一体であると証言する」さまを見いだせた、とまでいいました。「かの（自然という）書が人に開かれており、わたしたちの目がまだ曇らされていなかったとき(170)」、三位一体の神が、自然の中に識別できるものとして映し出されていたのです。このフランシスコ会の聖人は、どんな被造物も明確に三位一体的な構造を内包しており、その構造は、人間の見る目がそれほどに部分的であったり、明るくなかったり、脆《もろ》かったりしなければ、十分容易に観想できるほど現実的なものである、とわたしたちに教えます。こうして彼は、三一性を鍵にして現実を読み解くよう、わたしたちを促します。

240　神の位格《ペルソナ》は自存する関係であり、神をモデルにして創造された世界はかかわりからなる織物です。被造物は神へと向かうものであり、それゆえあらゆる生き物には他のものへと向かう性質が備わっているので、人知れず紡《つむ》がれたいくつもの永続的なかかわりが宇宙の至るところに見いだせるのです(171)。このことは、被造物の間に存在する多様なつながりに驚嘆することにのみでなく、わたしたちの自己実現への鍵を発見することにも導いてくれます。人格は、神との、他者との、全被造物との交わりを生きるために、自分自身から出て行って、もろもろのかかわりに加われればそれだけ、いっそう成長し、いっそう成熟し、いっそう聖化されます。こうしてすべての被造物は、創造の際に神が刻印なさった、あの三位一体的なダイナミズムを自らのものとします。あらゆるものはつながり合っており、そのことが、三位一体の神秘から流れ出る、かの地球規模の連帯の霊性をはぐくむよう、わたしたちを促すのです。

Ⅷ　全被造界の女王

241　イエスを大切になさった母マリアは、今、傷ついたこの世界を、母としての愛情と痛みをもって心にかけてくださいます。その刺し貫かれた心でイエスの死を悼まれたように、マリアは今、貧しさという十字架につけられた人々の苦しみのために、また人間の振るう力によって荒廃させられたこの世界の被造物のために悲しんでおられます。まったき変容にあずかったマリアは今、イエスとともに生きておられ、すべての被造物は彼女の麗しさを歌います。マリアは、「身に太陽をまとい、月を足の下にし、頭には十二の星の冠をかぶっていた」（黙示録12・1）女性です。天に上げられたマリアは、全被造界の母であり女王です。復活されたキリストとともにある、栄光を受けたマリアのからだにおいて、被造界の一部がその美の充満に達したのです。マリアは、イエスの全生涯を「心に納めて」（ルカ2・19、51参照）おられたばかりか、今や、すべての物事の意味を理解しておられます。ですからわたしたちは、この世界を知恵の眼《まなこ》で見られるようにしてください、と彼女に願うことができるのです。

242 ナザレの聖家族の中で、マリアの傍らには聖ヨセフの姿があります。ヨセフは、その仕事と惜しみない心で寄り添うことを通して、マリアとイエスを大切にし守り、エジプトに連れていくことで不正な人々の暴力から彼らを救い出しました。福音書はヨセフを、働き者で強い心の、正しい人として示しています。ヨセフはまた深い優しさを示しますが、それは、弱さのしるしではなく、現実を十分にわきまえ、謙遜のうちに愛し仕える用意のある、真に強い人のしるしです。それゆえヨセフは、全教会の保護者と宣言されました。彼もまた、気遣う心の表し方を教え、また、神がわたしたちに託されたこの世界を守るために、寛大さと優しさとをもって働くよう、わたしたちを鼓舞することがおできになります。

Ⅸ　太陽のかなたに

243 終わりの時にわたしたちは、顔と顔とを合わせて神の無限の美しさに出会い（一コリント13・12参照)、また、尽きることなき充満をわたしたちとともに享受するであろう宇宙という神秘を、感嘆と喜びのうちに読み解くことができるでしょう。今もわたしたちは、永遠の安息日、新しいエルサレムに向かって、皆がともに暮らす天の家に向かって、旅を続けています。イエスは、「わたしは万物を新しくする」(黙示録21・5)といわれます。永遠のいのちとは、輝くばかりに変容させられた被造物それぞれが、おのおのにふさわしい場を与えられ、全面的に解放された貧しい人々に与えるべき何かを有している、そのような畏敬をともに味わう体験であることでしょう。

244 それまでの間わたしたちは、地上にあるよきものはすべて高められて天の宴《うたげ》にあずかるであろうことを忘れずに、託されたこの家の責任を、ともに引き受けるのです。わたしたちは、すべての被造物と一つになって、この地を旅しながら神を探し求めます。「もし宇宙が始まりをもち、創造されたものであるならば、この宇宙に始まりを与えたものが何者であり、その制作者がだれであるかを探究しなければならない(172)」のですから。さあ、歌いながら進みましょう。希望に根ざしたわたしたちの喜びが、この星を思う懸念と苦闘によって、消し去られることがありませんように。

245　わたしたちに惜しみない献身を呼びかけ、自分のすべてを差し出すよう促される神は、歩み続けるために必要な光と力を与えてくださいます。わたしたちを深く愛してくださるいのちの主は、この世界のただ中にいつもいてくださいます。主がわたしたちを見捨てることはなく、わたしたちを孤独のうちに捨て置くことはありません。主がご自身をわたしたちの地球と決定的に結ばれ、またその愛が、前へと向かう新たな道を見いだすよう、たえずわたしたちを駆り立ててくれるからです。主はたたえられますように。

＊＊＊

246　心を躍らせ、また同時に心を痛ませるものでもあったこの長い考察の結びとして、二つの祈りをささげることを提案します。一つは、全能の創造主である神を信じるすべての人とともにささげる祈り、もう一つは、イエスの福音が示す、被造界についての責任を引き受けることができるようにと願う、わたしたちキリスト者の祈りです。

わたしたちの地球のための祈り

全能の神よ、
あなたは、宇宙全体の中に、
そしてあなたの被造物のうちでもっとも小さいものの中におられます。
あなたは、存在するすべてのものを
ご自分の優しさで包んでくださいます。
いのちと美とを守れるよう
あなたの愛の力をわたしたちに注いでください。
だれも傷つけることなく、兄弟姉妹として生きるために、
わたしたちを平和で満たしてください。
おお、貧しい人々の神よ、
あなたの目にはかけがえのない
この地球上で見捨てられ、忘れ去られた人々を救い出すため、

わたしたちを助けてください。
世界を貪《むさぼ》るのではなく、守るために
汚染や破壊ではなく、美の種を蒔《ま》くために
わたしたちのいのちをいやしてください。
貧しい人々と地球とを犠牲にし利益だけを求める人々の
心に触れてください。
それぞれのものの価値を見いだすこと、
驚きの心で観想すること、
あなたの無限の光に向かう旅路にあって
すべての被造物と深く結ばれていると認めることを、
わたしたちに教えてください。
日々ともにいてくださることを、あなたに感謝します。
正義と愛と平和のために力を尽くすわたしたちを、
どうか、勇気づけてください。

被造物とともにささげるキリスト者の祈り

父よ、
あなたが造られたすべてのものとともに、あなたをたたえます。
すべてのものは、全能のみ手から生み出されたもの。
すべてのものはあなたのもの、
あなたの現存と優しい愛に満たされています。
あなたはたたえられますように。

神の子イエスよ、
万物は、あなたによって造られました。
あなたは母マリアの胎内で形づくられ、
この地球の一部となられ、
人間のまなざしで、この世界をご覧になりました。

あなたは復活の栄光をもって、
すべての被造物の中に今日も生きておられます。
あなたはたたえられますように。

聖霊よ、あなたはその光によって、
この世界を御父の愛へと導き、
苦しみにうめく被造物に寄り添ってくださいます。
あなたはまた、わたしたちの心に住まい、
善をなすよう、わたしたちを息吹かれます。
あなたはたたえられますように。

三一の主、
無限の愛の驚くべき交わりよ、
わたしたちに教えてください
宇宙の美しさの中で、

すべてのものがあなたについて語る場で、
あなたを観想することを。
あなたがお造りになったすべての存在にふさわしい、
賛美と感謝を呼び覚ましてください。
存在するすべてのものと深く結ばれていると感じる恵みをお与えください。

愛の神よ、
地球上のすべての被造物へのあなたの愛の道具として、
この世界でのわたしたちの役割をお示しください。
あなたに忘れ去られるものは何一つないからです。
無関心の罪に陥らせず、
共通善を愛し、弱い人々を支え、
わたしたちの住むこの世界を大切にできるよう、
権力や財力をもつ人々を照らしてください。
貧しい人々と地球とが叫んでいます。

おお、主よ、
すべてのいのちを守るため、
よりよい未来をひらくため、
あなたの力と光でわたしたちをとらえてください。
正義と平和と愛と美が支配する、あなたのみ国の到来のために。
あなたはたたえられますように。
アーメン。

二〇一五年（教皇在位第三年）五月二十四日　聖霊降臨の祭日
ローマ、聖ペトロの傍らにて
フランシスコ

注

序

（1）アッシジの聖フランシスコ「太陽の歌」（*Cantico delle creature*: *FF* 263〔庄司篤訳、『アシジの聖フランシスコの小品集』聖母の騎士社、一九八八年、五二頁〕）。

（2）教皇パウロ六世使徒的書簡『オクトジェジマ・アドヴェニエンス（一九七一年五月十四日）』21（*Octogesima adveniens*: AAS 63 [1971], 416-417）。

（3）教皇パウロ六世「国連食糧農業機関（FAO）創立二十五周年にあたってのあいさつ（一九七〇年十一月十六日）」4（AAS 62 [1970], 833）。

（4）教皇ヨハネ・パウロ二世回勅『人間のあがない主（一九七九年三月四日）』15（*Redemptor hominis*: AAS 71 [1979], 287）。

（5）教皇ヨハネ・パウロ二世「一般謁見講話（二〇〇一年一月十七日）」4（*Insegnamenti* 24/1 [2001], 179）参照。

（6）教皇ヨハネ・パウロ二世回勅『新しい課題――教会と社会の百年をふりかえって（一九九一年五月一日）』38（*Centesimus annus*: AAS 83 [1991], 841）。

（7）同58（AAS 83 [1991], 863）。

（8）教皇ヨハネ・パウロ二世回勅『真の開発とは――人間不在の開発から人間尊重の発展へ（一九八七年十二月三十日）』34（*Sollicitudo rei socialis*: AAS 80 [1988], 559）。

(9) 教皇ヨハネ・パウロ二世回勅『新しい課題——教会と社会の百年をふりかえって(一九九一年五月一日)』37(*Centesimus annus*: AAS 83 [1991], 840)参照。
(10) 教皇ベネディクト十六世「在バチカン外交使節団へのあいさつ(二〇〇七年一月八日)」(AAS 99 [2007], 73)。
(11) 教皇ベネディクト十六世回勅『真理に根ざした愛(二〇〇九年六月二十九日)』51(*Caritas in veritate*: AAS 101 [2009], 687)。
(12) 教皇ベネディクト十六世「ドイツ連邦議会での演説(二〇一一年九月二十二日)」(AAS 103 [2011], 664)。
(13) 教皇ベネディクト十六世「ボルツァーノ・ブレッサノーネ教区の聖職者へのあいさつ(二〇〇八年八月六日)」(AAS 100 [2008], 634)。
(14) コンスタンチノープル総主教ヴァルソロメオス一世「被造物の保護を祈る日のメッセージ(二〇一二年九月一日)」。
(15) コンスタンチノープル総主教ヴァルソロメオス一世「カリフォルニア州サンタバーバラでの演説(一九九七年十一月八日)」。John Chryssavgis, *On Earth as in Heaven: Ecological Vision and Initiatives of Ecumenical Patriarch Bartholomew*(「天に行われるごとく地にも——コンスタンチノープル総主教ヴァルソロメオスの環境観と取り組み」), Bronx, New York, 2012 参照。
(16) 同。
(17) コンスタンチノープル総主教ヴァルソロメオス一世「ノルウェー、ウツタイン修道院での講演(二〇〇三年六月二十三日)」。
(18) コンスタンチノープル総主教ヴァルソロメオス一世「世界的な責任と生態系の維持——第一回ハルキサミット

閉会の辞（イスタンブール、二〇一二年六月二十日）」。
(19) チェラーノのトマス『聖フランシスコの第一伝記』(*Vita prima di San Francesco*, XXIX, 81: *FF* 460〔石井健吾訳、あかし書房、一九八九年、一三六頁〕)。
(20) 聖ボナヴェントゥラ『大伝記』(*Legenda Maior*, VIII, 6: *FF* 1145〔宮沢邦子訳、聖フランシスコ会監修、『アシジの聖フランシスコ大伝記』あかし書房、一九八一年、一〇六頁〕)。
(21) チェラーノのトマス『聖フランシスコの第二伝記』(*Vita seconda di San Francesco*, CXXIV, 165: *FF* 750〔小平正寿・フランソア・ゲング訳、あかし書房、一九九二年、二〇五頁〕参照。
(22) 南部アフリカ司教協議会「環境危機に関する司牧声明（一九九九年九月五日）」。

第一章

(23) 教皇フランシスコ「国連食糧農業機関（FAO）職員へのあいさつ（二〇一四年十一月二十日）」(AAS 106 [2014], 985) 参照。
(24) 第五回ラテンアメリカ・カリブ司教協議会総会「アパレシーダ文書（二〇〇七年六月二十九日）」86。
(25) フィリピン司教協議会司牧書簡「美しきわが故郷に何が起きているのか（一九八八年一月二十九日）」。
(26) ボリビア司教協議会、ボリビアにおける環境と人間の発展に関する司牧書簡「宇宙、生命のための神のたまもの（二〇一二年三月二十三日）」17。
(27) ドイツ司教協議会社会問題委員会「気候変動――国際的、世代間的、生態学的に公平性のある論点（二〇〇六年九月）」28―30参照。

(28) 教皇庁正義と平和評議会『教会の社会教説綱要』483。
(29) 教皇フランシスコ「一般謁見講話（二〇一三年六月五日）」（*Insegnamenti* 1/1 [2013], 280）。
(30) パタゴニア―コマウェ地区（アルゼンチン）司教団「クリスマス・メッセージ（二〇〇九年十二月）」2。
(31) 米国司教協議会「世界的な気候変動――対話と熟慮と共通善追求の呼びかけ（二〇〇一年六月十五日）」。
(32) 第五回ラテンアメリカ・カリブ司教協議会総会「アパレシーダ文書（二〇〇七年六月二十九日）」471。
(33) 教皇フランシスコ使徒的勧告『福音の喜び（二〇一三年十一月二十四日）』56（*Evangelii gaudium*: AAS 105 [2013], 1043）。
(34) 教皇ヨハネ・パウロ二世「一九九〇年世界平和の日メッセージ」12（AAS 82 [1990], 154）。
(35) 教皇ヨハネ・パウロ二世「一般謁見講話（二〇〇一年一月十七日）」3（*Insegnamenti* 24/1 [2001], 178）。

第二章

(36) 教皇ヨハネ・パウロ二世「一九九〇年世界平和の日メッセージ」15（AAS 82 [1990], 156）。
(37) 『カトリック教会のカテキズム』357。
(38) 教皇ヨハネ・パウロ二世「お告げの祈り（ドイツ、オスナブリュックでの障害者との集い、一九八〇年十一月十六日）」（*Insegnamenti* 3/2 [1980], 1232）参照。
(39) 教皇ベネディクト十六世「教皇就任ミサ説教（二〇〇五年四月二十四日）」（AAS 97 [2005], 711）。
(40) 聖ボナヴェントゥラ『大伝記』（*Legenda Maior*, VIII, 1: *FF* 1134〔前出邦訳、一〇二頁〕）参照。
(41) 『カトリック教会のカテキズム』2416。

(42) ドイツ司教協議会「被造物の未来、人類の未来――環境とエネルギー供給問題に対するドイツ司教団の声明(一九八〇年)」II・2。

(43) 『カトリック教会のカテキズム』339。

(44) 聖大バジリオ『ヘクサエメロン』(*Hom. in Hexaemeron*, 1, 2, 10: PG 29, 9〔出村和彦訳、『中世思想原典集成2 盛期ギリシア教父』平凡社、一九九二年、二八八頁〕)。

(45) ダンテ・アリギエリ『神曲』天国篇第三三歌一四五行(*Divina Commedia. Paradiso*, Canto XXXIII, 145〔寿岳文章訳、集英社、一九八七年、三〇一頁〕)。

(46) 教皇ベネディクト十六世「一般謁見講話(二〇〇五年十一月九日)」3(*Insegnamenti* 1 [2005], 768)。

(47) 教皇ベネディクト十六世回勅『真理に根ざした愛(二〇〇九年六月二十九日)』51(*Caritas in veritate*: AAS 101 [2009], 687)。

(48) 教皇ヨハネ・パウロ二世「一般謁見講話(一九九一年四月二十四日)」6(*Insegnamenti* 14/1 [1991], 856)。

(49) カテキズムが説くのは、神は「究極の目的に向かう途上」にあるものとして世界を創造しようと望まれたということであり、それは、不完全なものや物理的悪が存在することを言外に含んでいる(『カトリック教会のカテキズム』310参照)。

(50) 第二バチカン公会議『現代世界憲章』36(*Gaudium et spes*)参照。

(51) 聖トマス・アクイナス『神学大全』(*Summa Theologiae* I, q. 104, art. 1, ad 4〔高田三郎・横山哲夫訳、『神学大全8』創文社、一九六二年、三六頁〕)。

(52) 聖トマス・アクイナス『アリストテレス自然学註解』(*In octo libros Physicorum Aristotelis expositio*, lib. II, lectio 14, n.

8)。

(53) この領域については、テイヤール・ド・シャルダン神父の貢献を挙げることができる。教皇パウロ六世「化学・製薬工場での演説(一九六六年二月二十四日)」(*Insegnamenti* 4 [1966], 992-993)、教皇ヨハネ・パウロ二世「ジョージ・V・コイン師あて書簡(一九八八年六月一日)」(*Insegnamenti* 11/2 [1988], 1715)、教皇ベネディクト十六世「アオスタにおける晩の祈りでの説教(二〇〇九年七月二十四日)」(*Insegnamenti* 5/2 [2009], 60)参照。

(54) 教皇ヨハネ・パウロ二世「一般謁見講話(二〇〇二年一月三十日)」6(*Insegnamenti* 25/1 [2002], 140)。

(55) カナダ司教協議会社会問題委員会司牧書簡「いのちを愛される主よ、すべてはあなたのもの、あなたはすべてをいとおしまれる(二〇〇三年十月四日)」1。

(56) 日本司教協議会『いのちへのまなざし――二十一世紀への司教団メッセージ(二〇〇一年一月一日)』89。

(57) 教皇ヨハネ・パウロ二世「一般謁見講話(二〇〇〇年一月二十六日)」5(*Insegnamenti* 23/1 [2000], 123)。

(58) 教皇ヨハネ・パウロ二世「一般謁見講話(二〇〇〇年八月二日)」3(*Insegnamenti* 23/2 [2000], 112)。

(59) ポール・リクール『意志の哲学 第二巻――有限性と有罪性』(*Philosophie de la Volonté, II: Finitude et Culpabilité*, Paris, 2009, 216〔植島啓司・佐々木陽太郎訳、『悪のシンボリズム』溪声社、一九七七年、二四―二五頁〕)。

(60) 聖トマス・アクィナス『神学大全』(*Summa Theologiae* I, q. 47, art. 1〔高田三郎・日下昭夫訳、『神学大全4』創文社、一九七三年、七六―七七頁〕)。

(61) 同(前出邦訳、七六頁)。

(62) 同(*Ibid.*, art. 2, ad. 1; art. 3〔前出邦訳、八一―八六頁〕)参照。

(63)『カトリック教会のカテキズム』340。

(64)アッシジの聖フランシスコ「太陽の歌」(*Cantico delle creature*: *FF* 263〔エリク・ドイル(石井健吾訳)、『現代に生きる「太陽の賛歌」——フランシスコの環境の神学』サンパウロ、二〇〇〇年、七二—七四頁〕)。

(65)ブラジル司教協議会「教会と環境問題(一九九二年)」53—54参照。

(66)同61。

(67)教皇フランシスコ使徒的勧告『福音の喜び(二〇一三年十一月二十四日)』215(*Evangelii gaudium*: AAS 105 [2013], 1109)。

(68)教皇ベネディクト十六世回勅『真理に根ざした愛(二〇〇九年六月二十九日)』14(*Caritas in veritate*: AAS 101 [2009], 650)参照。

(69)『カトリック教会のカテキズム』2418。

(70)ドミニカ司教協議会司牧書簡「自然と人間の関係について(一九八七年一月十五日)」。

(71)教皇ヨハネ・パウロ二世回勅『働くことについて(一九八一年九月十四日)』19(*Laborem exercens*: AAS 73 [1981], 626)。

(72)教皇ヨハネ・パウロ二世回勅『新しい課題——教会と社会の百年をふりかえって(一九九一年五月一日)』31(*Centesimus annus*: AAS 83 [1991], 831)。

(73)教皇ヨハネ・パウロ二世回勅『真の開発とは——人間不在の開発から人間尊重の発展へ(一九八七年十二月三十日)』33(*Sollicitudo rei socialis*: AAS 80 [1988], 557)。

(74)教皇ヨハネ・パウロ二世「先住民族と農村部の住民へのあいさつ(メキシコ、クイラパン、一九七九年一月二

十九日)」6(AAS 71 [1979], 209)。

(75)「農業従事者のためのミサ説教(ブラジル、レシフェ、一九八〇年七月七日)」(AAS 72 [1980], 926)。

(76)教皇ヨハネ・パウロ二世「一九九〇年世界平和の日メッセージ」8(AAS 82 [1990], 152)参照。

(77)パラグアイ司教協議会司牧書簡「パラグアイの農業従事者と土地(一九八三年六月十二日)」2・4・d。

(78)ニュージーランド司教協議会「環境問題に関する声明(ウェリントン、二〇〇六年九月一日)」。

(79)教皇ヨハネ・パウロ二世回勅『働くことについて(一九八一年九月十四日)』27(*Laborem exercens*: AAS 73 [1981], 645)。

(80)それゆえ聖ユスティノは、世界における「みことばの種子」と述べることができた(『第二弁明』〔*II Apologia* 8, 1-2; 13, 3-6: PG 6,457-458; 467(柴田有訳、『キリスト教教父著作集1 ユスティノス』教文館、一九九二年、一四九―一五〇、一五六頁)〕参照)。

第三章

(81)教皇ヨハネ・パウロ二世記念講演「技術、社会、そして平和(広島、一九八一年二月二十五日)」3(AAS 73 [1981], 422)。

(82)教皇ベネディクト十六世回勅『真理に根ざした愛(二〇〇九年六月二十九日)』69(*Caritas in veritate*: AAS 101 [2009], 702)。

(83)ロマーノ・グァルディーニ『近代の終末』(*Das Ende der Neuzeit*, Würzburg 1965, 87〔仲手川良雄訳、『近代の終末――方向づけへの試み』創文社、一九六八年、九五頁〕)。

(84) 同。
(85) 同(*Ibid.*, 87-88〔前出邦訳、九六頁〕)。
(86) 教皇庁正義と平和評議会『教会の社会教説綱要』462。
(87) ロマーノ・グァルディーニ『近代の終末』(*Das Ende der Neuzeit*, 63-64〔前出邦訳、六五―六六頁〕)。
(88) 同(*Ibid.*, 64〔前出邦訳、六六頁〕)。
(89) 教皇ベネディクト十六世回勅『真理に根ざした愛(二〇〇九年六月二十九日)』35(*Caritas in veritate*: AAS 101 [2009], 671)参照。
(90) 同22(AAS 101 [2009], 657)。
(91) 教皇フランシスコ使徒的勧告『福音の喜び(二〇一三年十一月二十四日)』231(*Evangelii gaudium*: AAS 105 [2013], 1114)。
(92) ロマーノ・グァルディーニ『近代の終末』(*Das Ende der Neuzeit*, 63〔前出邦訳、六五頁〕)。
(93) 教皇ヨハネ・パウロ二世回勅『新しい課題――教会と社会の百年をふりかえって(一九九一年五月一日)』38(*Centesimus annus*: AAS 83 [1991], 841)。
(94) アジア司教協議会連盟主催学術会議(タガイタイ、一九九三年一月三十一日~二月五日)宣言「被造物への愛――生態系危機に関するアジアの対応」3・3・2参照。
(95) 教皇ヨハネ・パウロ二世回勅『新しい課題――教会と社会の百年をふりかえって(一九九一年五月一日)』37(*Centesimus annus*: AAS 83 [1991], 840)。
(96) 教皇ベネディクト十六世「二〇一〇年世界平和の日メッセージ」2(AAS 102 [2010], 41)。

(97) 教皇ベネディクト十六世回勅『真理に根ざした愛（二〇〇九年六月二十九日）』28（*Caritas in veritate*: AAS 101 [2009], 663）。

(98) レランスの聖ヴィンチェンツィオ『第一忠言書』（*Commonitorium primum*, cap. 23: PL 50, 668）「年を経て統合され、時とともに敷衍《ふえん》され、時代とともに深まる（Ut annis scilicet consolidetur, dilatetur tempore, sublimetur aetate）」参照。

(99) 教皇フランシスコ使徒的勧告『福音の喜び（二〇一三年十一月二十四日）』80（*Evangelii gaudium*: AAS 105 [2013], 1053）。

(100) 第二バチカン公会議『現代世界憲章』63。

(101) 教皇ヨハネ・パウロ二世回勅『新しい課題——教会と社会の百年をふりかえって（一九九一年五月一日）』37（*Centesimus annus*: AAS 83 [1991], 840）参照。

(102) 教皇パウロ六世回勅『ポプロールム・プログレシオ（一九六七年三月二十六日）』34（*Populorum progressio*: AAS 59 [1967], 274）。

(103) 教皇ベネディクト十六世回勅『真理に根ざした愛（二〇〇九年六月二十九日）』32（*Caritas in veritate*: AAS 101 [2009], 666）。

(104) 同。

(105) 同。

(106) 『カトリック教会のカテキズム』2417。

(107) 同2418。

(108) 同2415。

(109) 教皇ヨハネ・パウロ二世「一九九〇年世界平和の日メッセージ」6（AAS 82 [1990], 150）。

(110) 教皇ヨハネ・パウロ二世「教皇庁自然科学アカデミーでのあいさつ（一九八一年十月三日）」3（*Insegnamenti* 4/2 [1981], 333）。

(111) 教皇ヨハネ・パウロ二世「一九九〇年世界平和の日メッセージ」7（AAS 82 [1990], 151）。

(112) 教皇ヨハネ・パウロ二世「第三十五回世界医師会総会での演説（一九八三年十月二十九日）」6（AAS 76 [1984], 394）。

(113) アルゼンチン司牧問題司教委員会「万人のための土地（二〇〇五年六月）」19。

第四章

(114) 「環境と開発に関するリオ宣言（一九九二年六月十四日）」原則4（環境省訳）。

(115) 教皇フランシスコ使徒的勧告『福音の喜び（二〇一三年十一月二十四日）』237（*Evangelii gaudium*: AAS 105 [2013], 1116）。

(116) 教皇ベネディクト十六世回勅『真理に根ざした愛（二〇〇九年六月二十九日）』51（*Caritas in veritate*: AAS 101 [2009], 687）。

(117) たとえば、ラテンアメリカの「ヴィラ」「チャボーラ」「ファヴェーラ」のような場所で見いだされる意義を力説してきた著作家もいる。Juan Carlos Scannone, S.J., «La irrupción del pobre y la lógica de la gratuidad»（貧困の襲来と感謝の論理）, Juan Carlos Scannone and Marcelo Perine（編）, *Irrupción del pobre y quehacer filosófico. Hacia una*

nueva racionalidad（「貧困の襲来と哲学の務め――新しい現実に向けて」), Buenos Aires 1993, 225-230 所収参照。

（118）教皇庁正義と平和評議会『教会の社会教説綱要』482。

（119）教皇フランシスコ使徒的勧告『福音の喜び（二〇一三年十一月二十四日）』210（*Evangelii gaudium*: AAS 105 [2013], 1107）。

（120）教皇ベネディクト十六世「ドイツ連邦議会での演説（ベルリン、二〇一一年九月二十二日）」（AAS 103 [2011], 668）。

（121）教皇フランシスコ「一般謁見講話（二〇一五年四月十五日）」（*L'Osservatore Romano*, 16 aprile 2015, p. 8）。

（122）第二バチカン公会議『現代世界憲章』26。

（123）教皇フランシスコ使徒的勧告『福音の喜び（二〇一三年十一月二十四日）』186―201（*Evangelii gaudium*: AAS 105 [2013], 1098-1105）参照。

（124）ポルトガル司教協議会司牧書簡「共通善のための連帯責任（二〇〇三年九月十五日）」20。

（125）教皇ベネディクト十六世「二〇一〇年世界平和の日メッセージ」8（AAS 102 [2010], 45）。

第五章

（126）「環境と開発に関するリオ宣言（一九九二年六月十四日）」原則1（前出邦訳）。

（127）ボリビア司教協議会、ボリビアにおける環境と人間の発展に関する司牧書簡「宇宙、生命のための神のたまもの（二〇一二年三月二十三日）」86。

（128）教皇庁正義と平和評議会『エネルギー・正義・平和』Ⅳ・1（Città del Vaticano [2013], 56）。

(129) 教皇ベネディクト十六世回勅『真理に根ざした愛(二〇〇九年六月二十九日)』67(*Caritas in veritate*: AAS 101 [2009], 700)。

(130) 教皇フランシスコ使徒的勧告『福音の喜び(二〇一三年十一月二十四日)』222(*Evangelii gaudium*: AAS 105 [2013], 1111)。

(131) 教皇庁正義と平和評議会『教会の社会教説綱要』469。

(132) 「環境と開発に関するリオ宣言(一九九二年六月十四日)」原則15(前出邦訳)。

(133) メキシコ司教協議会司牧・社会問題委員会「イエス・キリスト、先住民族と農業従事者の生活と希望(二〇〇八年一月十四日)」参照。

(134) 教皇庁正義と平和評議会『教会の社会教説綱要』470。

(135) 教皇ベネディクト十六世「二〇一〇年世界平和の日メッセージ」9(AAS 102 [2010], 46)。

(136) 同。

(137) 同5(AAS 102 [2010], 43)。

(138) 教皇ベネディクト十六世回勅『真理に根ざした愛(二〇〇九年六月二十九日)』50(*Caritas in veritate*: AAS 101 [2009], 686)。

(139) 教皇フランシスコ使徒的勧告『福音の喜び(二〇一三年十一月二十四日)』209(*Evangelii gaudium*: AAS 105 [2013], 1107)。

(140) 同228(AAS 105 [2013], 1113)。

(141) 教皇フランシスコ回勅『信仰の光(二〇一三年六月二十九日)』34(*Lumen fidei*: AAS 105 [2013], 577)参照。

「他方で、信仰の光は、愛の真理と結ばれているかぎり、物質的な世界と異質なものではありません。愛はつねに肉体と霊魂の中で生きるからです。信仰の光はイエスの光輝く生涯から発する、受肉した光です。この光は物質をも照らし、物質の秩序に信頼し、物質の中で調和と理解の歩みがますます開かれることを知っています。こうして科学のまなざしは信仰から恩恵を受けることになります。信仰は科学者が、尽きることなく豊かな、ありのままの現実に開かれ続けているよう招きます。信仰は批判的な感覚を目覚めさせます。すなわち、研究が自らの公式に満足しないように仕向け、自然がいっそう偉大であることを悟るように助けます。信仰は、被造物の神秘に対する驚きへと招くことによって、科学研究で示される世界をますます照らすために、理性の視野を広げるのです」。

(142) 教皇フランシスコ使徒的勧告『福音の喜び(二〇一三年十一月二十四日)』256(*Evangelii gaudium*: AAS 105 [2013], 1123)。

(143) 同231(AAS 105 [2013], 1114)。

第六章

(144) ロマーノ・グァルディーニ『近代の終末』(*Das Ende der Neuzeit*, 66-67〔前出邦訳、七〇頁〕)。

(145) 教皇ヨハネ・パウロ二世「一九九〇年世界平和の日メッセージ」1(AAS 82 [1990], 147)。

(146) 教皇ベネディクト十六世回勅『真理に根ざした愛(二〇〇九年六月二十九日)』66(*Caritas in veritate*: AAS 101 [2009], 699)。

(147) 教皇ベネディクト十六世「二〇一〇年世界平和の日メッセージ」11(AAS 102 [2010], 48)。

(148)「地球憲章」、ハーグ、二〇〇〇年六月二十九日(広中和歌子〔地球憲章アジア太平洋・日本委員会代表〕訳)。
(149)教皇ヨハネ・パウロ二世回勅『新しい課題――教会と社会の百年をふりかえって(一九九一年五月一日)』39(*Centesimus annus*: AAS 83 [1991], 842)。
(150)教皇ヨハネ・パウロ二世「一九九〇年世界平和の日メッセージ」14(AAS 82 [1990], 155)。
(151)教皇フランシスコ使徒的勧告『福音の喜び(二〇一三年十一月二十四日)』261(*Evangelii gaudium*: AAS 105 [2013], 1124)。
(152)教皇ベネディクト十六世「教皇就任ミサ説教(二〇〇五年四月二十四日)」(AAS 97 [2005], 710)。
(153)オーストラリア司教協議会「新しい地球――環境保全への挑戦(二〇〇二年)」。
(154)ロマーノ・グァルディーニ『近代の終末』(*Das Ende der Neuzeit*, 72〔前出邦訳、七六頁〕)。
(155)教皇フランシスコ使徒的勧告『福音の喜び(二〇一三年十一月二十四日)』71(*Evangelii gaudium*: AAS 105 [2013], 1050)。
(156)教皇ベネディクト十六世回勅『真理に根ざした愛(二〇〇九年六月二十九日)』2(*Caritas in veritate*: AAS 101 [2009], 642)。
(157)教皇パウロ六世「一九七七年世界平和の日メッセージ」(AAS 68 [1976], 709)。
(158)教皇庁正義と平和評議会『教会の社会教説綱要』582。
(159)(イスラム教神秘家の)聖職者アリ・アルカワスは、自身の個人的体験から、世界の被造物を神の内的経験から離すべきではないと強調している。彼がいうには、「音楽や詩歌に脱我を求める者を先入見でもって批判すべきではない。この世界の中にある動きや音の一つ一つには繊細な神秘がある。秘義は、そよぐ風、たわむ樹木、流れる水、うるさい蠅、きしむ扉、鳥の歌声、琴や笛の音、病者の吐息、悩める者のうめき、これらが語るものを理解させてくれる」(Eva De Vitray-Meyerovitch〔編〕, *Anthologie du soufisme*〔スーフィズムの撰集〕, Paris 1978, 200)。

(160) 聖ボナヴェントゥラ『命題集註解』(*In II Sent.*, 23, 2, 3)。

(161) 十字架の聖ヨハネ『霊の賛歌』(*Cántico Espiritual*, XIV, 5〔東京女子跣足カルメル会訳、ドン・ボスコ社、一九六三年、一五三頁〕)。

(162) 同(前出邦訳、一五四頁)。

(163) 同(*Ibid.*, XIV, 6-7〔前出邦訳、一五四—一五五頁〕)。

(164) 教皇ヨハネ・パウロ二世使徒的書簡『オリエンターレ・ルーメン(一九九五年五月二日)』11(*Orientale lumen*: AAS 87 [1995], 757)。

(165) 同。

(166) 教皇ヨハネ・パウロ二世回勅『教会にいのちを与える聖体(二〇〇三年四月十七日)』8(*Ecclesia de Eucharistia*: AAS 95 [2003], 438)。

(167) 教皇ベネディクト十六世「キリストの聖体の祭日ミサ説教(二〇〇六年六月十五日)」(AAS 98 [2006], 513)。

(168)『カトリック教会のカテキズム』2175。

(169) 教皇ヨハネ・パウロ二世「一般謁見講話(二〇〇〇年八月二日)」4(*Insegnamenti* 23/2 [2000], 112)。

(170) 聖ボナヴェントゥラ『討論問題集——至聖三位一体の神秘について』(*Quaest. disp. de Myst. Trinitatis*, 1, 2, concl.)。

(171) 聖トマス・アクイナス『神学大全』(*Summa Theologiae* I, q. 11, art. 3; q. 21, art. 1, ad 3; q. 47, art. 3〔高田三郎訳、

『神学大全1』創文社、一九六〇年、二〇一—二〇四頁、同、『神学大全2』創文社、一九六三年、二一六—二一七頁、前出『神学大全4』、八三—八六頁）参照。

(172) 聖大バジリオ『ヘクサエメロン』（*Hom. in Hexaemeron*, 1, 2, 6: PG 29, 8〔前出邦訳、二八八頁〕）。

略号

AAS　Acta Apostolicae Sedis
FF　*Fonti Francescane*
PG　Patrologia Graeca
PL　Patrologia Latina

＊聖書の引用は原則として日本聖書協会『聖書　新共同訳』（二〇〇〇年版）を使用しました。ただし、漢字・仮名の表記は本文に合わせています。その他の訳文の引用に関しては訳者名を示していますが、引用に際し、一部表現や用字を変更した箇所があります。

訳者あとがき

二〇一五年五月二十四日聖霊降臨の主日に公にされた回勅『ラウダート・シ』の翻訳作業を始めたのが同年六月。訳出に一年余、何とか仕上げることができ、ほっとしています。まだかまだかと待っていてくださった方々の首がどれほど長くなったかを思うと、申し訳ない気持ちでいっぱいになります。

本回勅の第一章（序を含む）、第五章、第六章（末尾の祈りを含む）の三章分を吉川まみ（環境教育を研究中）が、第二章から第四章までの三章分を瀬本正之（環境倫理を研究中）が担当し、英語テキストから邦訳させていただきました。スペイン語テキストからはホアン・マシア師（イエズス会）が、また、イタリア語テキストからはカトリック中央協議会出版部の優秀な職員方が、貴重なコメントや提案をくださいました。翻訳の正確さに加え、日本語としての自然さや読みやすさの向上を心掛け、あえて容赦なき朱を入れてくださった中央協議会出版部の方々の熱意にはただただ頭が下がるばかりでした。

環境問題についての明確で揺るがぬ関心とその解決のための積極的な取り組みへの決意とで貫かれている本回勅は、「環境」回勅と称するにふさわしい「社会」回勅です。教皇フランシスコの言葉によって、少なからざる読者は、環境の問題が社会の、それゆえ、人間の問題でもあると痛感し、すぐにでも何かを始め、それを地道に続けなければ、との責任感を呼び覚まされることでしょう。

読者の皆さんに向け、迷いながらもそれなりの考えを込めて訳出した三語について、言い訳にも似た（?）若干の説明を加えさせていただきます。

一つ目は、回勅のサブタイトルにも含まれ、そこでは「大切にする」と訳出されているcareという語の邦訳に纏《まつ》わる難しさについてです。「配慮する」「気遣う」「心にかける」「世話をする」等の意味を有するこの語に、統一した日本語表現をあてがうことは諦めざるを得ませんでした。これまでの教皇方が「対話の文化」や「いのちの文化」と命名して指し示してこられた文化刷新の方位に加えて、現教皇が本回勅の締め括り部分で言及なさるculture of careを「ケアの文化」とさせていただいた主な理由もそこにあります。すでに多方面で使用されているケアというカタカナ表記が特定の既成概念のお仕着せとならぬよう、祈るばかりです。

二つ目は、本回勅の目玉とも言える第四章で、エコロジーを修飾して「総合的な」と訳出されることになったintegralという形容詞の邦訳に纏わる難しさについてです。諸教皇の回勅や公会議の諸教令をはじめ、カトリック教会の公文書において発展（development）やヒューマニズム（humanism）の修飾語として多用されるこの語には、聖書と伝統に基づく広範で高貴で深遠で永続的な人間理解、人間という存在を「欠けなく」肯定し「まるごと」受諾する人間理解が含意されています。ですから、これまで「全き」「十全な」「充足的な」「包括的な」「統合的な」「全一的な」とも訳されてきたこの語は何より「全人的な」と訳出されて然《しか》るべき語でもあります。今回の訳語「総合的なエコロジー」の中に、エコロジーを総合する視座としての「全人性」を強調するカトリック教会の姿勢を読み取っていただければ、幸甚です。

三つ目は、QOLすなわちquality of lifeの訳語についてです。医療関連や生命倫理では「生命の質」、経済関連や社会倫理では「生活の質」と訳されることの多いこの語は、最近、どちらの場面でも「(人間として) 生きていくことの質」であるとの自覚を伴って使用されることが次第に増えているように見受けられます。日本語一語で訳し切ることが不可能に思えるhuman lifeを、人命（身体的な生）と人生（実存的な生）と生活（社会的な生）とに区別した上で改めて「人間のいのちとその自覚ある肯定・受諾」を「欠けなく、まるごと」捉え直そうとする「人間学」に根ざす教育に携わってきた者の思い入れに加え、より根源的な sanctity of life や dignity of life をどう訳すべきかという問題意識も持ちながら、当初は「生の質」と邦訳する方針でおりました。しかし最終的には、一般読者にとっての読みやすさを優先し、「生活の質」と訳出することにいたしました。

最後になりましたが、本紙面をお借りして、わたしたちの拙い訳業に対し、直接あるいは間接の支えと励ましをくださったすべての方々に、衷心からの感謝の意を述べさせていただきたく存じます。ありがとうございました。

本回勅のメッセージが多くの人々の心に響き、かけがえなきこの地球が然《しか》るべく保全され、そのために必要な知恵が然るべく、次世代へまた次々世代へと途切れることなく、受け継がれますように！

二〇一六年七月

訳　者

（瀬本正之　上智大学神学部教授、イエズス会司祭）
（吉川まみ　上智大学神学部講師）

訳者付記

二〇二〇年十一月に、国立環境研究所・地球環境研究センター副センター長である江守正多氏から、本回勅23にある「地表で反射された」という表現は不適切ではないかとの指摘を受けました。

その後あらためて確認したところ、訳出時に用いた英語テキストと現在聖座のサイトで公開されているものとの間に、以下のとおり相違のあることが確認できました。

訳出の際使用した英文　Concentrated in the atmosphere, these gases do not allow the warmth of the sun's rays reflected by the earth to be dispersed in space.

聖座サイト公開の英文　As these gases build up in the atmosphere, they hamper the escape of heat produced by sunlight at the earth's surface.

江守氏からの指摘とこの異同を踏まえ、第5刷より以下の修正を施しました。

旧　こうしたガスは、大気圏内に蓄積されて、地表で反射された太陽光線の熱が大気圏外に発散するのを妨げます。

新　こうしたガスは大気圏内に蓄積され、太陽光によって地表で生じた熱が大気圏外に発散するのを妨げます。

江守正多氏は、ポール・ホーケン編著『ドローダウン――地球温暖化を逆転させる100の方法』（山と溪谷社、二〇二一年）の監訳を務めておられ、同書には環境問題に関するカトリック教会からのメッセージとして、二段組四ページにわたって本回勅の引用がなされています。

江守氏および、江守氏の指摘を仲介してくださった山と溪谷社の岡山泰史氏に、この場を借りてお礼申し上げます。

LITTERAE ENCYCLICAE
LAUDATO SI'
Libreria Editrice Vaticana © 2015

回勅　ラウダート・シ――ともに暮らす家を大切に

2016年8月10日　第1刷　発行
2022年6月10日　第5刷　発行
日本カトリック司教協議会認可

著　者　教皇フランシスコ
訳　者　瀬本正之、吉川まみ
発　行　カトリック中央協議会
〒135-8585　東京都江東区潮見2-10-10日本カトリック会館内
☎03-5632-4411(代表)、03-5632-4429(出版部)
https://www.cbcj.catholic.jp/

印刷　株式会社精興社

定価はカバーに表示してあります
ISBN978-4-87750-199-0 C0016

乱丁本・落丁本は、弊協議会出版部あてにお送りください
弊協議会送料負担にてお取り替えいたします

教皇フランシスコ公文書　既刊

使徒的勧告

福音の喜び

EVANGELII GAUDIUM

共同体、聖職者、そしてすべての信者に対し、自分自身の殻に閉じこもることなく外へと出向いて行き、弱い立場にある人、苦しむ人、貧しい人、すべての人に福音を伝えるよう強く促す。「熱意と活力に満ちた宣教の新しい段階」への歩みを望む教皇の思いが力強く表現された、愛と希望と励ましに満ちた使徒的勧告。

教皇フランシスコ公文書　既刊

回勅　兄弟の皆さん

FRATELLI TUTTI

利己主義による分断が進み、他者の苦しみを顧みない現代世界の闇を具体的に検証し、「よいサマリア人」のたとえを糸口にして、弱者を切り捨てることのない開かれた世界を生み出すための道筋を希望をもって提言する。イスラームの指導者との対話から刺激を受け執筆された、兄弟愛と社会的友愛に関する社会回勅。

教皇ベネディクト十六世公文書　既刊

回勅　真理に根ざした愛

CARITAS IN VERITATE

人類の真の発展を支える主要な推進力であり、教会の社会教説の軸となる原理である「真理に根ざした愛」を説く社会回勅。真理を相対化し、注意を払わず、その存在すら認めようとしない現代社会に対し、真理により照らされた愛の実践を促し、真理に満たされているからこそ、愛の理解が可能であることを明示する。